自と仮他

荒井辰也

目次

［予めのお断り］

本論を見、展開する論者が解離性障害や統合失調症などの心の問題を患っているかと案じていただかなくとも大丈夫である。どちらかというと論者はそれを調べている側の立場であり、近隣者から患っていると慮られた事も無く、また一応自己判断してもそれらの障害ではないと自負している。本論の展開は「その様に感じられる」ではなく「その様に考えられる」という思考遊びに近い事柄である。よって「自分が自分のように感じられない」とか「他の方がそこに居られるように感じられない」とか「自分が他の人と違う特殊な存在と思えてしまい、他の方と同じ人間の様に感じられない」という深刻な訴えや症状の主観ではない。それよりも「自分が自分の様に感じられないとおっしゃる事があっても何らかの事由があろう」とか「他の方がそこに居られるように感じられないとおっしゃることがあっても何らかの事由があろう」とか「自分が他の人と違う特殊な存在と思えてしまい、他の方と同じ人間のように感じられないとおっしゃることがあっても何らかの事由があろう」その他の「ワタシ」や「ジブン」や「ヒトサマ」についての在り様に関して述べたもの、すなわち客観とする方が適当であろう。事物の考え方についての一形式に過ぎずモノローグに近い。無論、想像昂じて本論を他人に押し付けようであるとか声高に宣伝しようとかする気も皆目無い。あくまでつたない思い出話やひとり言程度の書き物に過ぎない。

［かつてからの思い］

人は以前の記憶を持つ様だ。私という存在も以前の記憶を持つ。古い記憶を思うとき、ある違和を以前から感じている。

弟というものの存在が明らかにされたあの瞬間まで、母と私とは同一だった。「同一」という考えすらも入る余地が無いほどに同一であった。母と離れて歩くこともあったし、母と離れて同年代の子どもと遊ぶこともあったし、当然母に叱られたり、腹を立てたりすることも当然あったが、その様なことを超えて同一であった。3歳になる少し前のある日、母におんぶされ、ねんねこを眼の高さより少し高いところにまで掛けられ、かろうじて智源寺の巨大なお地蔵様の顔が見える状態で、手に持たされたチーズを食べながら呑気に母の体温の快適さの中にいたときである。あの時を境にして私の世界が変わった。母から「おとうとがもうすぐできるから、仲良くしてあげてね」と聞かされた。「おとうと」いう「何か」が出現することが、母にとって重大なことであり、それは「同一」である私にも大きな影響をもたらすと感じられた。何故なら母にとって最も重大な事物は、その時点まで私であったのに、「おとうと」と「仲良くしてあげてね」と対等であることを依頼され、語句の裏には「大切にしてあげてね」が窺われ、それは母に、私以上の存在である「他」が生じることにほかならなかった。

幼児の私は言語（豊富な語彙）で表現できなかったが、記憶はある。私の全環境であり、私自身であった母が「他」を認めたのである。私の全ての事物が母であり、母の全ての事物が私であると疑いもしなかったが、他が存在するかもしれない虞が突然生じた。

かつて私は母と同一であり、母は全てなので、私は全てであった。ところが母は私以外の他を生じる。すなわち母は完全に私ではなく異質を含む。母の言葉すなわち私の思考が私の夢空想でなければ、他が存在する可能性を否定できない。

あの事柄があって、しばらくして、自動的に弟は出現した。私の空想でなければ出現した。しかし他が存在する証明にはならなかった。私は次の様に回避した。私は母と同一であると無批判に受け入れていた。しかし、私が部屋で一人でいて、母が台所にいるとき、私は母の考えていることがわからないことに気が付けた。母は台所で活動しているが、母が何を作ろうとしているか全くわからなかった。母が包丁で指先を切ったとき、母は痛いと言ったが私は痛くなかった。私と母は全く同一の思考ではなかったし、全く同一の感覚も持っていない・・・そう同一ではない。

同一ではない形式は二つある。ひとつは他が存在する形式、別の一つはその事柄が「私の心の不安定」という現象とする形式である。「他が存在する形式」はいわゆる普通一般の形式である。私がいる（存在する）ことと同等に他者が存在するという立場の取り様や取らせ様である。ただし普通とはいえ、これは後に述べる「常識」に過ぎない形式であり、無批判的に受容しているに過ぎない形式であり、確かめ認識する必要がある。

幼児の私は他者を認めたくなかったため、他者に疑念を持った。他者なるモノとは存在するのかと。

［自を考える自］

自と他は違う事物を指す。同一しか無かった世界に「他」が疑われたエピソードを先に述べた。「違う」とは何か。自他を分ける「違い」とは何か。自と他は明らかに異なるものであるから差異がある。「私と物」「私と動物」「私と植物」「私と他の人」「私と電波」いくらでも設定ができる。このいくつかの設定に窺える共通する事柄が自と他の差異である。私と私でないものというボンヤリしたものではなく、明らかな事柄は「自ら考える自分の思考」と「自らが考える他」である。本論では自らを考える自分の思考を「自」と記す。

「私もあなたも同じ人間です」という道徳標語を否定するものでも何でもない。ここで望むのは差異の認識である。必要と思われる以上に自を細かく定義しようと考えていない。

何が自で、何が自でないかがわかればよいのであり詳細な区分をする論旨ではない。また、必要と思われる限界があるにもかかわらず大まかに不合理に曖昧にするものでもない。細分過ぎる区分にする場合、区分することのみに終始し、求めている自の本質を追う目的が希薄になる様な陳腐なことはしない。さらに、あれもこれも自に取り込んでしまい、結局何を明らかにしたかったのか曖昧になることもしない。何が自であるのか、どこまでが自であるのかを追うのであり、自の中に更なる構造を設定することをも目的としていない。

様々な事柄を考えたり疑念を持っている私、すなわち自が明らかにある。

そして様々な事柄を考えたりしているであろう他が感ぜられる。

「有る」であろう他が感ぜられる。

しかし他が思考していることを私は認識せず、他の感覚も私は認識せず、まして他が考えているかどうかすら私は認識できない。よって明らかにこれらは自ではない。

［常識の鵜呑み］

既存の知識を否定する様な大層なものではない。自然に起こっている「流れ」を否定する様な大層なものではない。証明し直そうという様な大層なものでもない。自のことを追求するとき、他の存否を無批判に、「常識」という批判を禁止する呪文に依拠し、さもある事柄のように、あるいはさも無い事柄のように、さも正しい事柄のように、あるいはさも間違いの事柄のように、自らが判断もせずに「流れ」に流される態度は取らず、取ることに意味あるように盲信しない。「当然」「常識」「共通認識」等が背後に持つ「従属の暗示」「無批判の暗示」を盲目的に鵜呑みしたり、させられたりせず自で認識する確認である。無判断に鵜呑みする気は毛頭無い。

「・・・は常識だ」という言葉は次の場合使う嫌いがある。「その様なことを尋ねるな」「その様なことは論じる必要が無い。当たり前のことだ」「その様なことを考えるな。当たり前として倣え（従え）」その他に様々あるが凡そこれらである。これらは「考えるな」「倣え（従え）」と強制しており、さらに背後に「ワタシには説明ができない・・・妄信せよ」

を臭わす。常識の一部には正誤に関する設定より、無批判の強制を目的とする事柄が湧く。正誤の批判を逃げ、避け、時点の高位の者が低位の者に鵜呑みを要請する行いは如何なものか。

常識は無批判の強制に重ね、反した者を排除する機能も持つ。広社会には入り込めなかったが狭社会に根付けた「ジ・ョ・ウ・シ・キ」が構成者の踏絵として利用されることがある。狭社会の中の剛腕者（知恵者ではない）が権力を振いたいとき反対者に「非常識」という公的スティグマを貼り狭社会から排除するのに常識は大変都合がよい。常識は元来正誤が明確でなくともよい行いの形式である。また常識は過去から現在にかけての継続が無くともよい。反対論よりも声高に提示するだけで成立する簡便さがある。「排除できる」「スティグマを貼り晒せる」「『ジ・ョ・ウ・シ・キ』に従う者を正当と決め『ジ・ョ・ウ・シ・キ』に従わない者を不当と成せる」「いつでも『新・ジ・ョ・ウ・シ・キ』を創作できる」「作成に失敗しても自然消滅する」など運用に便利な点が多い。

［都合に合わせない］

自が在る事を前提にしているが、自分の儘に解釈するというレベルの低い行いとは全く違う。「自が在る」は確実な前提でしかない。これを正義や正当などの根拠にするものではない。自が在ることから様々な事を思考していくことのみであるから、自が我儘に振舞えば、既に他を独立して思考する論の前提に真向反する。よって思考するときの戒めは、自の都合に合わせて事柄を曲解しない点である。在る事は前提とするが、在るであろう事は前提とはしない。当然である。結論に合う様に事柄を組み立てない。当然である。在る前提の上に在る事柄を積み、さらに在るとわかる事柄をその上に積み重ねる姿勢しかとらない。当然である。「事柄」を「事物」と捉えても構わない。本論は「自は在る」と前提して成る事柄であり、自を「正誤」「真偽」「正義不正義」「上下」「確実」「不動」「絶対」またそれらに類似する比較や固定観念等とは関係性質すらも無い。したがって自と異なる他の都合を前提にすることは無く、しない。類似させて、自の儘の都合を前提とすることも無く、しない。

[自と仮他の領域]

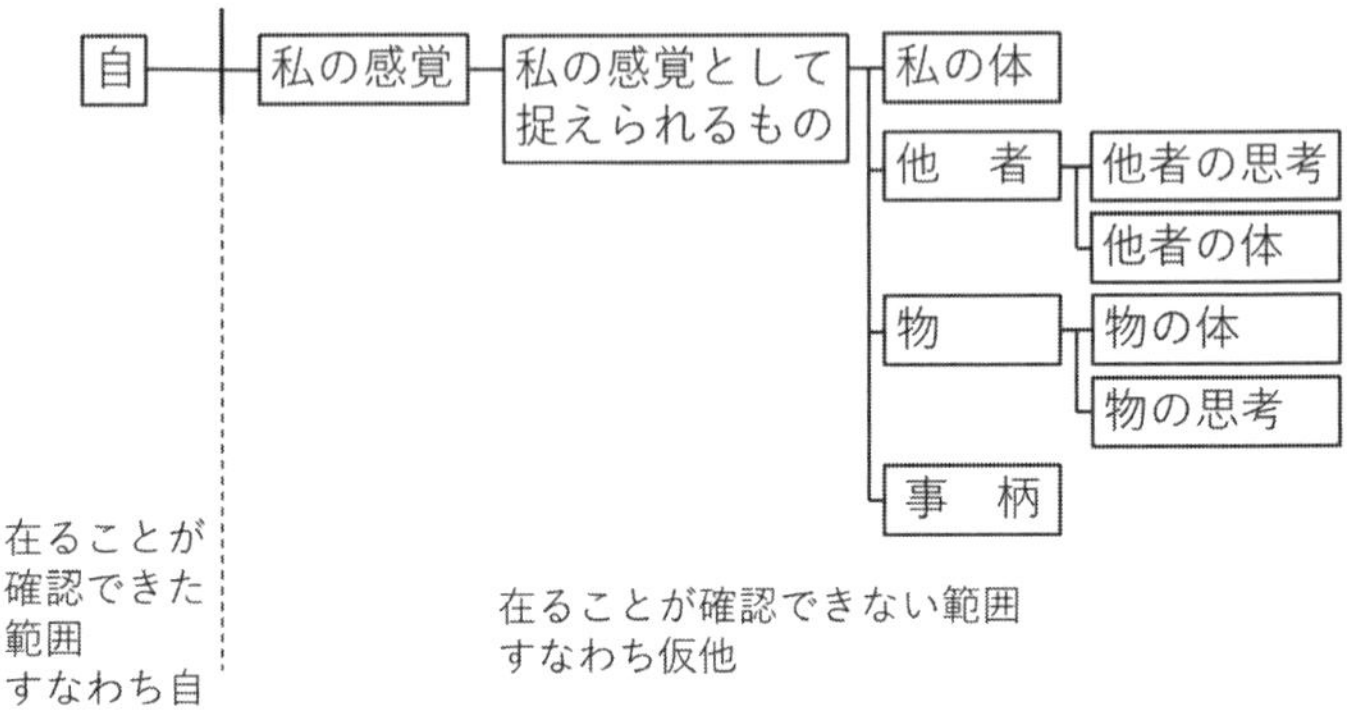

[私と他人・存と否・自と仮他]

本論で述べることを誤解無いようにするため、念のために次の事柄を断る。ここで私と他人の違いとは、私と他人が知識や感覚や思考や様々な情報を共有できないという事柄とは根本的に違う。これらは既に他人の存在を前提としている。「ワタシも人なり、彼も人なり」と言おうか。ワタシも彼も等しく人間存在であるが、ワタシと彼は互いに独立した人格であるとしているのか。まぁワタシが生きている様に他の人が生きていると無批判で自明とし、それが常識や風習や文化や道徳の基盤としている。

弟の出現を聞かされた幼児だった当時の私は、自という思考が存在するという事柄のみが確かに在り、それ以外の「私の体」、「私の感覚」、「私の感覚から得られる情報のすべて」の存否が不明で、元より「他人という物」、「他人が為すという思考等」、「物」、「自の思考以外の事柄」の存否が不明であることを思考した。図中の「物」から続く「物の体」、「物の思考」とは、人とそれ以外の物を区別してみただけで、他者という人間と、物という人間以外を区別したことに大きな意味は無く、他者の項目を物の項目に入れても構わない。当然過剰な自尊という野卑な思考など比類する気もない。本項の主旨は、在る自の範囲と補集合すなわち他の範囲を明確にするのみである。当然全体集合以外の範囲を述べないし、述べる気も無いし、述べる旨が元来無い。

先項にて「自らを考える自分の思考を『自』と記す」と述べた。この自は明らかに在る。論者は今現在の時点において「この論」を考えている。これが自である。論者はこの自が在ることは明確にわかる。このあまりにも明確な自に対し、自以外は例えば思考の共有すら無く、感覚の共有すら無いことも先項にて述べた。また私の感覚は「思考」ではない。感覚は情報であり思考に資される事柄であり、思考そのものではなく、よって自ではない。別であり分ける。

その様態を図に示した。自と自以外は完全に異質である。自のあることは明確にわかるが自以外の在ることは言い切れない。不明な事柄を恣意的に「在る」に組み込むことも本論ではせず、同様に不明な事柄を恣意的に「無い」に組み込むことも本論ではせず精密を確保する。よって自と自以外を区別し、存否がまだ不明なので「仮に自の他」を「仮他」と表す。仮他の意図は図の通りであり、別項にて詳細にする。

［私とワタシ］

一般的に、人間はたくさんいる。この中に論者が居ると為す場合これを「私」と書く。それ以外の人々の一人称を「ワタシ」と書く。

［都合に合わせない態度］

都合に合わせる形式は三つある。ひとつは「自の論を他の論に合わせるために曲解する形式」、ひとつは「他の論を自の論に合わせるために曲解する形式」、ひとつは「自の他論を自の論に合わせるために曲解する形式」である。

はじめの形式「自の論を他の論に合わせるために曲解する形式」は、「自は在り仮他の存否は不明である」を思考の基準に持つ場合には生じないが、それ以外の全ての状況下では、自の思考に依拠する観点が薄弱になりがちで起こり得る。ここで扱うところの自の論は自が思考しひとつの到達点として成した事柄である。軽忽にて軽々な思い付き、戯言の類ではない。よって、自内の根拠に則し至った結果としての論である。自の流れに則しており至った論を「仮他の作成した論」より劣っていると考えることはそうそう起こらない。一時的に分別の無い状況で思考しており、他論を見たときに自論の劣りが妄想された場合は間違いと想起した部分を変更することはある。ただしこの様相であっても他論にへつらい迎合したのではなく、以前の自論の劣りの部分を当時点の自の論によって訂正している。「ワタシ」がどの様にこの形式に振舞うかは無論不明だが、私は他論に無批判に合わせることは完全に無いし、する気も毛頭ない。仮他が存の場合、そのワタシが混乱することについては、私が連関する類の事柄ではないので、それは不明である。

次の形式「他の論を自の論に合わせるために曲解する形式」は至って単純な独善に似る。単純な独善とは自分の行いの徹頭徹尾を善と信じ切っている盲信で、吟味する態度が無い状況をいう。これに比して「他の論を自の論に合わせるために曲解する形式」は、「～ために曲解する～」と既に述べているので曲解行為そのものを否定しているので、自が自を欺かんとする状況を理解している。自内で矛盾が露呈しているので冷静になれれば自が調節しきるが、それでも曲解せんとす自己矛盾な思考である。矛盾があると既に自が感じているにもかかわらず本形式が行われる動機は何かを考え、今後においてこの状況に陥ったときに資す。仮他を他人と代理し形式の論点を細分すると次の事柄等となる。「自分の論はある」「他人の論が思われる」「自分の論を優先する欲がある」「自分の論を変更する余地はない」「他人の論を無視しないかできない」「他人を説得はしないかできない」「他人の論を曲解させ自分の論に合うとする」。自の論に合わない仮他の論であれば無いとすればよいところ取り上げざるを得なかった。「自分の論はある」「他人の論が思われる」の事柄までは自が変遷し続けているので起こる。違和は無い。「自分の論を優先する欲がある」の事柄は一見違和が無いように見過ごしがちである。自分の論を優先するのは当然だからである。

しかし独善は自論以外を「見えない」「見ない」「見ようとしない」グラデーションの毒を含む。見えない時点には自は「それは仕方がなかった。致し方なかった」と省みず為す。これは消極である。見ようとしない時点において自は「無用であったり、更には害に及ぶので拒絶した」と省みて為す。これは積極である。何れが良く何れが悪いと述べるものではない。流れに任せている消極な態度は仮他が台頭している。働きかける積極な態度は良くも悪くも自が台頭している。欲は使い様で発展的にもなり過剰にもなる。尤も「ヨクガアル」と捉えている時点で自は自の動向に配慮をしてはいる。

「自の論を変更する余地はない」の事柄は「自に照らして正に違和が無い様相」と「独善」の場合がある。「自に照らして正に違和が無い様相」とは事柄を判断するその時点が平時を成している。平時の自は主である。平時の自が、すなわち在るので照らしたこの自の論は変更する余地は無い以前に不要である。この時点において比する他人の論（仮他の論）は考慮の余地は無い以前に不要である。何故ならば既に自の論が立っているからである。立っていない又は未完成の場合には自は自の論の考慮に既に入っている。何故ならば平時の自は「私」の元来の根拠だからである。有事において自は仮他の作用を幾許か受けている不安定な状況下であり「自分の論を変更する余地は無い」の事柄よりも、他人（仮他）に着目した「他人の論を無視しないかできない」「他人を説得はしないかできない」「他人の論を曲解させ自分の論に合うとする」事柄を思う様相となりがちである。一方の「独善」は「私」の状況が仮他の存否を否定しているまたはそれに近い状況下であり、これは平時の自としては認めがたい。よって独善化の「自の論を変更する余地はない」という思考は、少なくとも平時になった時点で違和が生じ改善される。ただし仮他の存否を存とした場合の他人の思考については完全に不明である。

「他人の論を無視しないかできない」の事柄は「他人の論を無視しない」要素と「他人の論を無視できない」要素に分けて考える。「他人の論を無視しない」要素は仮他の存否を否とせず在るを含み、かつ「(他人の論を無視) しない」すなわち積極であり自が主と成り得ている。無論「(他人の論を無視) しない」は判断を拒否しない態度であり、この点においても自は既に自らの行いの誤りを認知している。一方の要素「他人の論を無視できない」は他人（仮他）の論を受動し更に「(他人の論を無視」できない」状況まで自が仮他に追い込まれている状況で、自は全く主でなく仮他が不必要に台頭した状況下である。

「他人を説得はしないかできない」の事柄は「他人を説得はしない」要素と「他人を説得できない」要素に分けて考える。「他人を説得はしない」気質は、自は在り仮他の存否は不明である立場から来る状況と、単純に他人と交渉する気は無いという状況が考えられる。自が持ち出した仮他が他人の形を取り論じたとする立場であれば、他人の論は自の想定内の仮他の論であるから既に吟味されている。よって説得すなわち再吟味の要請をしなかった形式であるので問題は無い。単純に他人と交渉する気は無いとする独善があればこれは人格の愚かさに過ぎない。「他人を説得はできない」立場は自己否定を推察する。自と仮他の相対からすれば仮他は自内の一つの事柄に過ぎず、よって自は仮他に指図すら簡易である。「他人を説得はできない」と評する状況ならばそれは既に自と仮他の相対が混乱している。尤も「ワタシ」が自や仮他を想定していなければそれ以前の話ではある。

次の形式「自の他論を自の論に合わせるために曲解する形式」は、多様だが自内の矛盾が及ぼす形式と、時間差が及ぼす形式が散見する。自が論を持っている状況下で思考が発展し、従来の論よりもより発展的な論が立つ予定の場合はこれらが双立する。自が判断し、より自にそぐう事柄が新規の論として成る。「自の他論を自の論に合わせる為に曲解する形式」は、元より自は「自の論に合わせる為に曲解する」と理解し自の論に異議を示している。自の論が成立していない。ここに自の他論を添わせようとしている。自の他論が元来の自にそぐうものであった場合、自の論に合わせた時点で両論共に堕ちる。自の他論が元来の自にそぐわないモノであった場合、自の論に合わせた時点で自論に合わせる事ができたが、この自論が既に成立していないのでやはり両論共に堕ちる。自に発想された複数の論があっても、それの何れかが元来の自にそぐうとは限らず、そぐわない時には「曲解している状況」を認識する事によって、これらを排除でき発展の余地が見える形式である。

時間差が及ぼす形式の場合は、自の論がその時点の論であり、自の他論が過去の時間帯に出来た事柄（この場合は論）であり、やはり過去の論とその時点の論の相違点の発見に資することができる。自の論であっても、自が変遷する質を持つので時間差もあれば発展もすれば退行をもし得る。その都度これらを判じて自に合わせる志向はいる。

自分の都合に合いにくい事柄を、自説に合うように曲解する態度も常識を無条件に取り入れる態度と似るので「自説」であっても「引用すまい」に反する。「曲解」という時点においてその事柄についての否定の思いがそこにある。それは自に反しているから生じる。

すなわち「曲解」と銘打った時点で仮他の論と自認しているのであるから、それに随う要請は否定する。言うは易いが妄信しているさなかでは危うい状況である。よって論を建てたり考慮する際には重要な態度である。自内で生じ自内で理解できている時点にはこれらの疑義は無いが、自内で生じた事柄に相対して自内で反論めいた事柄が垣間見えたときには精密さを要請する態度を気付くことが肝要である。ある論に相対して他論が想起された時、両論について軽重の差を設けず真偽の差を設けず比較し、旧来の論により近いから真であるとか、適合する範囲がより広範囲であるから真であるとか、意図とは無関係の単位に基づく計量によって自に対してより正当な事物を否定したり歪曲したりしないよう努める。頻発する事案ではないが散発するので各説各論には冷静に中正に対峙し思考し判断する。両論共に自内から出た論ゆえ類似し微細な差異かもしれないが、自が違和とした時点で自内では既に暗雲としている。また対論ながらどちらも真と思考することもある。この際、引用に依拠すまい。引用は仮他であり自ではない。依拠は常に自にのみある。また対論ながらどちらも偽と思考することもある。この際、両論を破棄し新論を再思考することを拒まない。どうせ偽である。共に価値は無い。

［極力引用すまい］

本論で取る立場は一貫して、自が何かを問うことである。他を用いて自を問うのではなく、自のみで自を問う。よって、他をも確認し認識する立場をとる。ここでいう他とは仮他である。自が存在することは明らかである。肉体ではない。自とは論者の思考である。考えていること自身であり「表面の意識等や深層の意識等」「感情や意志等」の様に区別をつけて分類した各々の様に難しく言うものではない、今の私も何かを考えており、中学生期の私も考えていたし、幼児期の私も考えていたし、言葉を操れなかった時期の私も考えていた。その時代に在ったその程度のモノを自と言っている。分類を否定する気も無く、肯定する気も無い。自は明らかに在る。安定しており在るといえる。よって自のみでは不安定は生じないのではないか。不安定は自以外によりもたらされるのではないか。ここでは不安定とは自の存在が脅かされるために生じる不安や恐怖を指している。自は安定して在るはずだが、事実不安定な状況を呈することがあった。故に他が在るか無いかを疑問と感じる。常識の鵜呑みをして、空虚な事物の上に次なる空虚な事物を重ねないために、さらに立場を一貫するために、他に依拠すまい。ただし、言語も用いているので、乳児の様に自分の経験のみに依拠しているかといえば、純粋な独立性はない。ある言語はその言語圏の環境を基に常識や風習や文化を既に内在できるからである。よって、極力引用すまい。これはいわゆる常識や風習や文化や先人と呼ばれるものを疎かにする否定的な意図や否定的な意味や方向性や指向は無い。存在が明らかであると自が認める自のみを一貫として在るとする立場をとることのみを指す。

過去の書籍の要点集を作る予定は全く無い。思想史を作る予定も全く無い。よって引用そのものを用いる視点が無い。引用とは他を取り入れたり、自己の意見を他者の意見によって評価付けを試みたり、権威と同一であるとして自論に権威を付与しようとする側面を内包しやすい。何れにせよ、自論が他論で曲がることを避ける。習慣や常識や風習や文化の無批判的な鵜呑みをする態度や事柄と同じだからである。

〔自に照らす態度〕

この様に自を論じているものの平時の大半は、それを意識せずいわゆる日常を送っている。自と仮他の観点に立たずとも、その日常には何らの問題も無い。個人的にも社会的にも問題は無い。何らの問題も生じていないことは当初より当然である。本論は日常を如何しようというような思考は毛頭ない。何故なら問題が無いからである。本論の目的は思考の精密さの追求である。日常の話題と本論の話題は無関係であるので危惧は無用である。日常の話題に問題があると考えているまたはお抱えならば、それはいわゆる疾病かもしれず案じることはできるが本論にそぐうと限らない。

本論内において思考は自のみの概念で、これを逸れ、以外の事物が入る余地は皆無とする等ではない。そもそもその設定が無い。自のみの概念に即しているため、習慣や常識や風習や文化を無いとか否定とかしている盲信や立場ではない。その設定が無い。習慣や常識や風習や文化や更に法などを無いとか否定している事柄ではない。その設定が無い。くどいが設定が無いとは「反」や「非」や「否」ではないという類とレベルである。無い設定に依拠できないことは当然である。在る設定に依拠することはこれに独立して当然である。在るものに照らす以外に何に照らすのか。否定することに興味は無く、無とすることに興味は無く、引用することに興味は無い。その程度の雑な事柄なので精密化をしている。

［否定するときの態度］

「知らない」から「無いのだ」は無意味であるからすまい。「見たことが無い」から「無いのだ」は無意味であるからすまい。至極当たり前だが「知らない」「見たことが無い」等には「不明だ」が対応する。肯定するときに根拠を示したことと同等に、否定するときにも根拠を示す。根拠が無い否定もせず、根拠が無い肯定もしない態度は当然でありとる。前記の事柄は容易でわかりやすいが現状は如何なものか。「そんなことは当然だ」「そう言うものだ」「そういう社会だ」「それが自然（な流れ）だ」「（権力者や学術者によって）そうされているのだ」「カミがそうされたのだ」これ等の強い教唆がもたらされたとき、これら無根拠や無証明の強要に耐えられるか。「トウゼン」「ソウイウモノ」「ソウイウシャカイ」「シゼン（ナナガレ）」「ソウサレテイル」「カミ」という類似語が被らされている事柄から面を取り去り根拠を示そうとする思考の流れをしている私であるかを内省したい。自説を伝達するときそれが未証明の場合であったり、それが証明し難い場合であったり、自説でありながら少々の疑義を持ったり、経験上の流れであったりした場合、前記項目に転嫁し自己保身や無知の隠蔽に逃避することは無いかを内省したい。

本論は自と仮他の存否に依拠している。他論は立脚者の仮他の存否が不明なので扱い様がそもそも無い。自のみ存が明確であり仮他の存否は不明であることも明確である。よって、私の自はわかるがワタシの自が在るとて、それは自の感知範囲ではない。故に無いのではない、不明である。私を語る事柄は多々あれどそれが果たして正やら誤やら、良やら悪やら、上やら下やら、何やら論じる根拠を私が解らなければ判じる時点状況に私は無い。念を押すが私は一切の他論について一切を述べる立場に完全に無い。一切の他論についてはその論者の事物である。他論をその論者を含め誰が如何なる判断をすることもあろうが、無念ながら私はその論に呼応する根拠を持った覚えが無いので、少なくとも私は他論を判断する資格すら完全に無い。よって私は一切の他論を不明ということはあるが否定することは論旨上無い。肯定することは根拠が理解できた特定の一部については有り得るが、総体は言語上に現れない立脚者の趣旨が含まれるので総じて根拠を理解はおろか把握も出来かねるので、総体を肯定することも完全に無い。

［他は在るのかの疑問］

「他は在るのか」と自問し、単に「そのようなことは当たり前だ」と感じて過ごそうと思ったことは正直ある。疑問すら感じず当然の事柄と感じておれば良いと納得しようとしたが全く釈然としない。他との繋がりが皆無であれば、他が居ても居なくても何ら影響しない。幼児期の私は、祖父の家でニュースを見ているときに「東京△△区の交通事故で会社員の○○さんが亡くなりました」と聞いても泣いたりはしなかった。無関係の人ゆえ、居ることも居ないことも無関係だからである。無論、私が冷酷であって、そこから生じる無感動ではない。東京△△区の交通事故亡くなった会社員の○○さんは本当にいたのか「そのとき」の自分に関与しない人は本当にまず存在するのか、「そのとき」の自分に関与しないモノは本当にまず存在するのか。「そのとき」の自分に関与しない事柄は本当にまず存在するのか。当時の私は、ここに書いたような小難しい言葉で表現はできないが、概要はそう考えた。いわゆる世界中には膨大な人が住み、日々生まれ死んでいるはずだが、そのほとんどは私に関与していない。近しい人の病苦死は自の不安定の生じに関与するが、遠い人や物はそれに明らかに関与しない。幼児の私は更に思った。近しい・遠いとはどの範囲か。影響の有無と距離の間に関係があるのかを思ってみた。病苦死が母、父、上の兄、下の兄、弟、祖父、祖母に来るのは驚愕的に私も苦しい。病苦死がよく遊ぶお友達に来るのは私も苦しい。病苦死が叔父、叔母、従兄弟に来るのも私は苦しい。しかし、遠地に住む叔父の家の隣組に住んでいた誰かが死んでも私は無関係である。存在の認否と距離は直接的には関係がない。血かとも考えたが仲の良いお友達は血族ではないが彼らに病苦死が来るのは悲しいから、血も直接的には関係がない。知古である知古ではないは大いに関係しているように思えたがこれはあまりにも感覚的で定量的ではなく、確実性がない。明確にしたいのに確実性が低いことは避ける。様々な条件と存否の関係性を考えたが、関係性が確実な要因はなかなか見つけられなかった。ずいぶん長い期間考えていた記憶がある。考えても考えても関係性のある要因が見つけられない当時の私は、自分の言葉の無さや知識の少なさを無念に思い悔やんだ。だがしばらく経って一つの答えとなりそうなことに気が付いた。

「他の人って、まず本当にいるの？」と。

［仮他の存否は不明の曲解例］

「在る」と「無い」が区別できないのであればこの先の展開はとても難しい。「在る」と「無い」が区別できるのであればこの先の展開はとても平易である。安心されたい。本論では「在る」をまず「証明」した。無論自のみである。老幼に関わらずわかりやすい。自とは論者「私」の思考である。それ以上でもそれ以下でもなく、そこに何等かを追加する予定は無く、同様にそこから何等かを削除する予定は無く、同様にそこの何等かを変質させる予定は無い。単一であり類似は無い。自は在る。幼児の私はそれ以外は証明のしようがない。無いのではない。在るあり様も無いあり様も不明としか一切述べていない。曲解する意図は不要であり、その意図を持ってして理解は一切無理であると確認する。

「自とは論者の思考である」と先ほど念のため正確に述べた。よっていわゆる「論者の感覚」は厳然として仮他である。自内の思考以外の事物は、感覚を通じて自が思考に用いる。したがって自内の思考以外の事物は、平易に仮他である。手順を踏み思うならばとても平易であるが、意図的に曲解を望むならば多枝に無意味に分枝し混乱するのでさほど意味無い。せずともよく、触れなくともよい。大した意味はそこに元来無い。

以上は老幼に関わらずわかりやすい事柄である。

［どこまで他かの追求］

不気味なことに気付き茫然となった。世の中の人々や世の中の事物の持つ、私にとっての重要さは0または1の存か否の二値ではなく、とても重要なものから大して重要でないものまで滑らかに変化している。どこからどこまでが大切であったり、どこからどこまでが大切でないという区分けではなく、元々区分けがないことに気がついた。たった一つの例外を除いて。例外とはいうまでもないが「私」である。

無念であった。私の母は私にとって最高に重要な、私と同一のはずの唯一の存在だったのに、私と同一ではなかったし、接続もされていないことは先に述べた。よって、母以外の人を調べる必要も本当はなかったのだが、子どもながらに不安から近隣者から遠方者まで考えた。しかし同じことだった。自以外は他である。そして更に、他とは存否すら不明であることが明確に分かった。同一であれば、存在が明らかに確認できる。接続している何かが在れば、存在が明らかに確認できる。ところがその気配もない。自は明らかに在るが、他者は在るか無いか証明できない不明な事柄である。くどいが重要なので再記するが他は存在しないのではない、他は存否が不明である。

明確さを追求したかった。よって存否が不明な他者の存否は何事の前提にもおかない。唯一自が在ることだけが明確さをもって言える。よって他者を確定して設定できないししない。仮にあるとして他者は設定することはあるが、根拠とすまい。よって他者ではなく、仮他という設定とする。当然といえば当然であり、珍奇といえば珍奇である考え方である。野卑であるが、自分のことを過度に特別だと感じたり、過度に尊大であると感じたり、過度に自己愛に浸ったりして生じる信条とは本質的に比類せず異なることを明確にしておく。くどいが述べる。存否が不明なのである。否定と論じる全ての論とは逐一完全に違うことを誤認なきため述べる。

［自の場所］

自は自であり、他者は他者であり、自と他は別である事に異論はない。自と他は別であるから境界がある。「存否が不明な他者」から境界を見る事はできるわけもなくしようともしない。元来、「私」でしかない自は他者ではなく、存否の不明な他者を妄想したり演じる等の絵空事を論じる気は毛頭ない。自から境界を見、その範囲について考える。「その様なことはいうまでもない。自を自分だといっているのだから自分の体だ」「言うまでもないが、自分であれば、自分の手足や頭や胴じゃないか」「正確に言えば、自分の表皮の内側だ」と思うか。理科的な考え方を否定したり疑義を述べるものではない、元よりその様な観点論点方向ではない。自は物ではない。考えている主体である。細分化する気もない。追加する気もない。そもそも論外である。これを今考えている事柄のみが自である。この自の範囲を考えている。指先が字を書いたり、ワープロを打つが、指先で考えているのではない。目がワープロの画面を見て誤字脱字などを探るが、目で考えているのではない。「それはハートだ」と胸の辺りを指すことはどうか。だが、私は心臓の付近で考えているようには思えない。物理的に位置で表現する立場をとるならば、胸や心臓の位置よりも、頭蓋中の位置の方が適当か。これも宗教は元より習慣や常識や風習や文化を否定するものではない。当然ながら物質としての脳等に依拠する気もない。それらはモノであり考えている主体では明らかにない。自すなわち思考していることと、自ではないすなわち思考していない箇所を区別することは、思考していない部分を削除し続ければよくこれは平易である。

私の右手の指はペンを持ち書いているが、ここで思考していないので右手の指は自ではなかった。右手の指を支持している掌も思考しておらず自ではなかった。同様に腕も、さらに脚も思考しておらず自ではなかった。私の臍も自ではなかった。見たことはないが腸や胃等も自ではなかった。肺も然りである。常識や風習や文化で聞くところの心臓についても思ったが、私の場合明らかに心臓という物理的位置で思考しているとまったく思えず、これも自ではなかった。そもそも心臓は物質であり思考ではないので問うまでもなかったが思考はしておくべきで思考しておいた。私の口は話すがここで思考しておらず自ではなかった。頭部について耳も鼻も舌等の感覚器も身体の感覚器も思考しておらず自ではなかった。頭髪も頭皮も思考しておらず自ではなかった。眼は思考している自と配置的距離が近いかに思われたが眼球は思考しておらず自ではなかった。いよいよ脳かと期待した。私は後頭部の内側で思考していない。よって後頭部は自ではない。側頭部の内側でも思考していない。よって側頭部は自ではない。前頭部の内側が有望であったが、どうやら両目が外界を見ているので物事をここで感じていると思い込んでいる様で自が前頭部と思っていたに過ぎなかった。そもそも脳は物質であるから自ではなく問うまでもなかったが思考しておくべきで思考しておいた。

［私という物質である人間と、自という思考を分けて考える］

指先が自ではないことは述べた。すると私という形を持った、いわゆる体はどこも思考していない。手先や腕元や、足先や脚元や、胴等の物質からなる身体は感覚を持つが、ここで自は思考していない。眼から得られる情報量は多く感じられるが、思考ではない。感覚に過ぎない。脳が思考しているかと考えたが、これは過去に教育されたことの受け売りに過ぎない。眼から得られる情報量が多く感じられるために、また立体視の中心に感じられるために、両目の中心あたりに焦点を感じられるために、「ここに居る」と見ているが（感覚しているが）これは視覚視野の中央部分にすぎない。理科教育を否定しようとする意図はない。「痛みがあるから自分の体ではないか」という質問とは無関係で方向性が違い性格を異にする。いわゆる私の頭に胴がつながっており、さらに胴に手足がつながっており、連続しているから私の体であるという主張のように物質の接続について考えているのではない。無論物質と自の位置関係のお話しではない。自を考えている。いわゆる私の体が、思考している自と同一かを論ずる。幼児の私の思い付きは至極簡単で「ボクの考えているって『事』と、ボクの体って『物』は違うよね」とわかった。まぁ当然である。

「私の体の中で、私が考えている感じがしない」であるとか「私の指先のように感じない」と感覚し生活に支障をきたす解離性障害をここで論じているものではない。解離性障害はワタシという物質の場所と、ワタシ自身の位置や時間感覚やその他がズレていると感じている事柄である。この場合、「ワタシの体」という物が既に有るとしているので立場は根本より異なる。よってワタシという物への疑念とは類似すらも無く、関係性の糸口も無く、それらの設定もしていない。平易なので少し考えればすぐわかる。

「ワタシの中に、別の人が入っている」、または「ワタシは、別の所にでも居る」、または「ワタシは、じつは別の人でもある」、または「ワタシは、昔（または未来）の別の人でもある」と感覚し生活に支障をきたす統合失調等を論じているものではない。統合失調は自分の実経験と他の人の経験した逸話や視聴した見聞を混同したり、積極的に取り入れてしまう傾向が強い状況等を含む混乱や、その他多様な支障をきたすものである。この場合も「ワタシの体」が既に有るとし、それに対するワタシの考えやその他の考えの関わり方の現象であり、よってワタシという物への疑念とは類似すらも無く、関係性の糸口も無く、それらの設定もしていない。平易なので少し考えればすぐわかる。

自とは思考することであり、物質とは違う。思考と物質は似ず異質な事物であり、何ら共通性は無い。ところが時に「人間を意識の乗り物」として捉えていないだろうか。さらに言えば無批判的に人間という「もの・物質・肉体」を「在る」とし、その上に様々な考え方や思いなどを積み上げていないか。「私」を「物質である人間」と「自という思考」の単独やコンプレックスとして総じることに興味はなく、自のみの追及の展開である。

「何をもって物質と認識しているのか」

そもそも、何を「物質」とか「自」と考えているのか。物の性質には「見える」「触れると手ごたえがある」「質量がある」等があげられるか。更には「そんなことを考えても何も生まれないから（無批判的に）存在を認めればよい」「在るから在る」などクルクルと堂々巡りする考え方もあるが本論の扱いではない。「肉体を考えなければ、どこに意識が宿るのか」に至っては意識（自）が何かの物質というものに依存しなければならないと、そもそも異質なものに関連付けをしなければならないような思い込みをする考え方もあるが、こちらも本論の扱いではない。宗教を否定するものではない。本論ではその様な一連を論じる気すらない。

眼で見えるから物があるというが、眼は思考していないので仮他である。眼という仮他は存否が不明であるからそれから生じる「見える」という事象も当然、存否が不明な仮他である。よって「見える」という存否不明の事柄を通じて見えたと称する事物は仮他であり当然存否は不明である。同様に鼻で嗅げるから香る物があるというが、鼻は思考していないので仮他である。中略し香る物の存否は不明である。舌による味わえる物も仮他で存否は不明である。耳による聞こえる事も仮他で存否は不明である。皮膚などによる触りとして感じられる物も仮他で存否は不明である。人間という物に備わっているという全ての感覚器の感覚から得られる情報により習慣的に「ある」と称される物の存否をも当然に考える。「在る物は在る」と言うな。「当たり前を考えるな」と言うな。「従来を無批判に信じろ」と言うな。「権威からの強制の価値を考える行いは無駄だ」と言うな。無論権威を翳すな。論外怒るな。確認していないと認め、後に述べる思考の多様性を慮る一助にしたい。重要なので再記するが「仮他の存否は不明」であると述べ、自分以外の存在を否定する部分は本論に無い。事物の存否の否定は本論考の起点に矛盾していることは既に記述済みである。

何度でも述べ確認する。自は在る。この時点において自は思考している。これは無比で明確である。「自が思考している」、これを否定すれば「自は思考していない」となり、すでに自すら無い。よって思考している自は在る。自は在ることを言ったが、それ以外の事柄については何ら述べてなどいない。それ以外の事柄の例としては「肉体の存否」がある。「自は思考していて、在る」ことと「肉体の存否」を比較もしておらず検討すらもしていない。思考が在るから肉体が有る等と論じたことは一度たりとも無い。無批判に「在るから在る」など気軽に問わぬまま逃避しない。

「思考が在るなら、肉体が在る」や「肉体が無いなら、思考も無い」と書くと何やら成立しているように思えるが、思考（非物質）と肉体（物質）のような全く異質なモノを同列にて比すこと自身に元来問題がある。「いや、そうではない」と思おうとし、これらを解説しようとしても良案が浮かぶ気配もない。エレガントであるかどうかは知らないが「思考が在るなら、肉体が有る」さらに「思考↑↓物質」の相互関連付けをおこなっても良か否かをまず判断する。臭いものに蓋をする気は毛頭無い。

そこで問う。物質とは何か？

ここでの方針は確かなことのみ取り入れ、確かでないものは、たとえそれがいわゆる習慣や常識や風習や文化等であっても確かでない限り思考し確認する。「そんなことを考えても何も生まれないので（無批判的に）認めればよい」「在るから在る」と言うは易い。自を思うとき無意味の強制や盲目的な被服従は論外である。一般的な事柄についての常識や風習や文化及びこれに類する事柄を否定する気は元より無く論にも上げないが「何か」の所在そのものを考察するときに、その「何か」を「在るから在るのだ」とか「そのようなことは問うな」とか「不遜だ」という隠れ蓑を被って、思考できない知識の現状を隠さずしたがってすまい。

さて、今一度問う「物質とは何か？」と。

［自の確認］

私が私を確認することは簡単である。「ワタシガワタシヲカクニンスルコトハカンタンデアル」という文を見た途端に私は「私」に集中し私を意識せざるを得ない。仮他が在ると仮定すればおそらく同様にワタシがワタシを確認することは簡単であろうと類推する。道が逸れた。元に戻す。私は「目覚めた瞬間に、自分が目が覚めたと意識し、自分の次の行動を意識する」、私は「ジャム付きのパンを口に入れたときに、おいしいなと意識する」、私は「本文面を書いているときには、ワープロを打つ自分の手を見て、次は何を書こうかと意識する」、私は「夜になってくると、おなかが空いたと意識する」、私は「深夜になると、眠いなぁと意識する」。この様に私が私を確認することは日常である。大して難しいことでも何でもない。私が自を確認することは如何なる事柄か。私が私を確認することは先述のとおり平易であるが、こと「自」と限定するならば無論状況は違う。

「目覚めた瞬間に、自分が目が覚めたと意識し、自分の次の行動を意識する」のエピソードは、「さて、起きて○○○をしよう」の私の活動は、自の活動である。

「目覚まし時計が鳴って眼を開いた」というエピソードの「聞こえた」「目を開いた」など私の活動は仮他である感覚のエピソードであったり仮他である身体のエピソードであり自のエピソードではない。「聞こえた」に「もう起きないとな」とまで進めたならば、この部分は自のエピソードである。

「ジャム付きのパンを口に入れたとき、甘いなと感じた」というエピソードの「甘いな」など私の活動は仮他である感覚のエピソードであり自のエピソードではない。「甘いな」に「満足だ」とまで進めたならば、この部分は自のエピソードである。

「本文面を書いているときには、ワープロを打つ自分の手を見て、次は何を書こうかと意識する」のエピソードは「自分の手を見て」の部分は仮他である感覚のエピソードであり自のエピソードではない。「何を書こうか」の部分は自のエピソードである。

「夜になってくると、おなかが空いたと意識する」のエピソードは「おなかが空いた」の部分は仮他の感覚のエピソードであり自のエピソードではない。「おなかが空いた」に「何か食べたいけど、どうしようかな」とまで進めたならば、この部分は自のエピソードである。

「深夜になると、眠いなぁと意識する」のエピソードは「眠いなぁ」の部分は「眠いという身体のだるさ感覚」の部分は仮他である感覚のエピソードである。「眠いなぁ」の「意識の薄れ」の部分は自のエピソードである。

これ等のレベル程度の事柄を本論では「自の確認」として扱う程度の雑さである。何も意識をいくつにも分類すべきであるとか、階層構造は如何かなどは毛頭扱っておらず、私の意識すなわち自はそれほどの複雑怪奇さがあるようには意識されない。雑な分類のレベルに過ぎない。幼児期の私の一つのエピソード内で思った些細な疑問のレベルにしか過ぎない。子どもの「ふしぎだね」の一つのレベルであり単純平易で複雑でも難解でも何でもない。

［自の確認の根拠］

一般的な「私」の範囲設定とは唯一ではない。「私」は「私の皮膚を含んだその内部」とされてもよく、「私の肉体と精神」とされてもよく、「私という生物個体」とされてもよく、

「私という生物個体の生きている部分」とされてもよく、「私は私です」とされてもよい。何ら問題も生じない。何ら矛盾も生じない。何ら困ることも無い。何ら誤解を受けることも無い。

比しはしないが、「自」の確認の方法とは唯一である。「自」は論者の思考のみである。この自に完全に限定している。至極当然な「仮他の存否は不明」の依拠にまで及ぶ。これらの依拠は「自は在る」より派生する。それ以外では全く無い。根拠は往々にして正しからざる事物に設定したり、正しいか否か不明な事物に設定したり、堂々巡りする事柄に設定したり、苦し紛れに有らざる権威に無証明に押し付けて設定したり、無いのに有ると教唆して設定したり、習慣や常識や風習や文化や更に道徳等の単なる伝統に押し付けたりし恍惚して設定したりすることがある。当たり前ながらこれらは恍惚には至れるが進展はその期待すら微塵も無く、況や成果は幼児期から今現在の時点に至るまで幻影すら見当たっていない状況である。よって自の確認の根拠はこれらとは完全に異なる。意味の在らざるところから証明はすまい。他にも依拠すまい。自と仮他から成るとしているのであるから、根拠は最低限自内である。更に自を不必要に細分しようと試みたり、不必要に分類しようと試みたり、自に無いものを不用意に包摂しようと試みたりする無防備は一切を慎む立場のみとる。根拠は自である。それ以上でもそれ以下でも全くない。本論の方針は「在ると完全にわかる事物のみが在る」に精密化する。他の方針を否定するものでもなく、肯定するものでもなく、類似していると認めるものでもなく、類似していないと認めるものでもない。自の定義自身が仮他の存否を不明としているのであるから、不明すなわち仮他に上乗せをする気は皆無であるし興味すらない。風習論ではない。常識論ではない。文化論ではない。社会論ではない。孤立論ではない。集合論ではない。融合論ではない。対立論ではない。自然論ではない。宗教論ではない。論者の弟が生まれる前に気が付いた「ボクとか、まわりのコトってなぁに?」についての素朴な思いでしかない。もっとも素朴なところをとっかかり(根拠)として素直に思ってみたい子どもの遊戯の一つでしかない。その程度の素朴なことである。

[反論を受け付けたい]

自説であるが反論もしたい。反論とは「私の肉体が思われる事の解説」である。「私の周囲に広がる物の集合体である世界が思われることの解説」である。避けるのは堂々巡りである。解説を望んでいるのはいわゆる常識や風習や文化や神学等では全くない。興味がない。論を立てた解説の教授である。私は、この反論ができないで未だいる。「そんな身も蓋もない事は説明のしようがない」と答えるしかないと逃避されぬ心があれば教授がないか。もし、これに明確な説明手法が無い場合、それは事物の在り様をどう意味するか。

「質量があるではないか」との論に、計量器の目盛りを見たのは目かとす。「手で持て、物があることが感じられるはずだ。それが答えだ」との論には、触れたのは手かとす。目や耳や鼻や舌や皮膚という自ではないものから生じた現象に頼らず、存在が明確である「自」だけで教授がないか。科学否定の弄ではない。その類の管轄と相違し類似すら無い。従来何事を思考するにも無批判すぎたか。凝った説を挙げても、その根元にカミを持ってこなかったか。その根元に権力を持ってこなかったか。その根元に根強く奥に蔓延った常識や風習や文化を持ってこなかったか。その根元にただ知識の伝達を受けた事柄の受け売りを持ってこなかったか。その根元を考えることを避けてこなかったか。その根元を考えることを「無駄」と自らに言い聞かせて思考することすら逃げてこなかったか。答えを出せない自分の知識の限界を見たくないために思考すまいとしてこなかったか。答えを出せない自分を人に曝し、権威が欠如することを虞れ、思考すまいとしてこなかったか。証明出来ないのではなく、証明能がないから、それをさも公理の様に上げ奉り触らぬ様に避けてこなかったか。何れにしても避け触れなかったか。

しかし向き合うことを考える事を必要とし、否定せず無視せずを礎としている。もし解が当時見つからなければ、見つからないことを認め、曖昧なものを避け明らかにある事柄だけを用いて築き直そう。習慣や常識や風習や文化やカミその他これらに類似する事柄一般を否定はしない。なぜならこれらは仮他であったり仮他に依存する事柄であり存否すら不明だからである。「カミ」と記述するが宗教の「神」のみでなく、あやふやな事柄や説明のつかない事柄を全て包含し飲み込んでくれる何かわからない仮想事物を指していう。

強大な力が万物を作ったと触れることを避けた思考から、物質という新たな概念を生み出したときの手順に批准し、物質という曖昧さから原子という新たな概念を生み出したときの手順に批准し、原子という曖昧さからさらに細分化した粒子の概念を生み出したときの手順に批准すればよい。当時に確認できないものであれ、更に思考することにより次の段階に至れた。思考しなければ次の段階には至れなかった。思考は、見つからないと閉塞しがちな状況を克服し、次に至るものを見つけた。思考を取りやめる立場をとらず、思考して更新する立場をとればよい。

「他が出現した理由、すなわち仮他の必要性」

私の自が当初に認識した「他」は母であった。それまで疑うことすら想像しえないほど同一だった母が、弟の出生の予定を聞くことによって、自に比する他となった。これは自動的に出現した他である。また、自の範囲を追求する過程で生じた、自以外をすべて包含する他は連鎖的に出現した他である。

他が生じた過程はこの様な事柄である。では他はなぜ生じる必要があったか。世界という語句を仮に使うとすれば、幼児当初私の世界は母であり、それのみであった。だから満ち溢れずまた足りないこともなかった。過不足のない安定、安定した自だったのになぜ必要無い他を設定したのか。

「他があるから、全部は自分の物ではないのだ」と為せない。これは文頭「他があるから・・・」としている。他の存否を証明するのに他の存を持ち出して堂々巡りをしている。「あなたが勝手に、全てを自分の世界と思っていた前提がおかしいのだ」としてはいけない。この文は「世界が既存であること」を前提としている。本論は自から当初としている。自以前の事物について自は一切を述べることができない。自のみが存と認識できたことのみに依拠するのであり、不明な自以前の事物について空想や妄想することは一切を述べられずに述べない。よって前提に自以前の事物を常識、風習、文化等というコトに部分的にも照らしたり依拠を謀ったりすることは精密に無い。不明と無とは積極的に乖離する。

過不足の無い自がなぜ他を設定したのか。どのような場合に他を要請したのか。

自は何にも先だって在る。在るから元来より安定している。ただしこの安定は始終安定していて無変化を指定しない。自は思考するから変化する。安定であるときと不安定なときがある。満ち安定があれば、欠け不安定もある。

自において欠けるとは満ちていた事物の部分または要素が確認できなくなった事物の様相である。満ちていた事物の部分が消滅したとしないのは、消滅したと証明できていないので、少なくとも「ここ」から「位置」を変えて確認できなくなった事柄である。「ここ」とは物理的座標のみではなく多様な事柄や物との相対を指す意図で用いた語句である。自が思考したときに在ると確認することができた状況下と、相違する状況下になったときの時や空間やそれ以外の相違を表現するための多様な事柄を総じて指す。また「確認できなくなった」とは「見えなくなった」「聞こえなくなった」「嗅げなくなった」「味わえなくなった」「触れられなくなった」「感じられなくなった」「失った」等でもよい。無論コンプレックスでも一向に構わない。そもそも多様で変化に富む。またこれらの状況は能動であるが、受動であると想定しても一向にかまわない。自の作用であるから私にとって常に能動であるが、仮他の存否が存の場合においては受動であり、この可能性は当然在り得る。一方仮他の存否が否の場合においては否と思われた作用が自の作用によって生じたものとなるので自の能動である。

［仮他とは何か］

自そのものを思考するといいながら、他を語ることは矛盾するが、多くの何かが自に群がり自に影響を及ぼすので理解はいる。

存否の判断がつかない状況（存否が不明）での仮想の他であるので「仮他」とする。仮他には自が大いに注目する事物から、自が大して注目しない事物まで多様にある。ここで「注目する事物」とは「それによって自が極度に不安定になる事物」であり、その事物を無条件に優遇したり、重視したりする価値の有無多少を指す概念とは全く異なる。同様に「注目しない事物」とは「それによって自が極度に不安定にならない事物」である。その事物を否定したり、軽視したりする価値の有無多少を指すものでは全くない。

この断りの元に仮他を考える。平常、自は自のみで十分である。言うまでもないが「他」である食物を摂らなければ死ぬではないかというような栄養学や各種連鎖等を考える様な分野の取り扱いとは全く性格を異にするので俎上にあげる気すらない。自が自のみで思考するのは平常でもある。邪魔な仮他が群がるのは平常でない状況である。平常ではない状況とは、満ちている自が欠乏した餓えた状況、自が満ちていないため他で充足することを欲する状況である。

本論では自以外の「私の身体」「私の感覚」「私の感覚によって捉えられる事」「私の感覚によってとらえられる物」等の仮他についても述べるが、存在を認めて解説しているのではなく、当然ながら存在を否定して解説しているものでも全くない。確認しているのは自のみであり、全ての仮他は存否を確定して解説しているものでは全く無く意図も無く、基より逆で本論旨に完全に反する。すなわち仮他が在るとも確定していないし述べてもいない。仮他が無いとも確定していないし述べてもいない。これは別のアプローチをしても同様になる。ここでは一例のみを挙げる。

先述の「私と物」「私と動物」「私と植物」「私と他の人」「私と電波」の対比例を用いる。この対比において前者の「私」は、「私」という語句で示される唯一固有のモノであるから確定しやすい。しかし後者の語句は「物」「動物」「植物」「他の人」「電波」の様に全てに応じる共通性が全くないと思われる。「動物」「植物」「ほかの人」は生物というカテゴリーに入るが「物」「電波」はその範疇にない。「物」「動物」「植物」「他の人」は物体というカテゴリーに入るが「電波」はその範疇にない。一見すると共通項が無いように感ぜられるが、ここに一項目「私」を入れた途端に「物」「動物」「植物」「ほかの人」「電波」は、「私」と異なる一つのカテゴリー」に集約出来ることは理解に易い。よって「物」「動物」「植物」「ほかの人」「電波」には共通性がある。その共通性は「私」と「私以外」であるか。では判別の基を成す「私」とは何かを考える。

「私」という語句は多くの意味を持ち得る。「私」は「私物」ではない。私物は私ではないからである。よって一般的に「私」は私の身体を指す。通常はこれで一向に構わない。平時において人はこの様に考えていることは推察に易い。なぜなら私も平時においてそう思考しているからである。生活のほぼ全ての時期においてこの考え方で何ら困ることはない。何らの違和も生じない。何らの矛盾も生じない。

本論では平時の事物に批判等するつもりはなく、平時の習慣、常識、風習、文化等に楯突く意図も予定もない。本論は自という確実に存在する事柄の精密化のみの追求である。仮他の存否の精密化はその過程で派生する事物という立ち位置である。「私」という語句は、それまで分類し辛い「物」「動物」「植物」「ほかの人」「電波」を一つのカテゴリーに集約する至大な能を持つ。精密化の為に「私という在り様」とは何なのか、なぜ「私という在り様」はそれほどまでに能を持つに値するのかを見定めるために「私という在り様」を精密に純化する。ここで要請されるのは生物学的知見でもなければ科学的知見でもない。習慣的知見でもなく、常識的知見でもなく、風習的知見でもなく、文化的知見でもない。「私」を、在る部分から、在る事柄を確認し、更にその確認できた事柄から次の事柄が在ることを確認し、更にこれの繰り返しのみを、順を踏み、飛び越すことなく、精密に思考する態度である。現象として自らが確認したコトに基づく。現象として自らが確認できなかったコトは否定するのではなく、この時点で確認できないだけに過ぎない。確認できた事柄を拡大解釈しない。類似は相異を包摂するためすまい。すなわち単純に順行を指す。自らが認めることを要請する。更には自が認めることのみを要請する。

この様なスタンスを基に「私」とは何か、「私の範囲」とは何か、「自の範囲」とは何かをそもそも精密化し、その補集合が「仮他」である。

［自における仮他の位置づけ］

自は在る。仮他の存否は不明である。ワタシとは論者から見て他人の一人称である。ワタシのジと仮他の生じた時期は「仮他が初期、ワタシのジが次期」「ワタシのジと仮他が同期」「ワタシのジが初期、仮他が次期」の何れかであり、ワタシのこれらは不明である。「ワタシのジが初期、仮他が時期」と主張するものでは全くない。

これは論者の自と仮他のワタシは完全に異なるので決定は元より類推にも能わない。証明できず当然ながら野卑に想像できず当然明らかに不明である。論者の自にとっては「自の在る事柄」が全てであり、自でない部分に付いて自は関与しないのであるから自の範囲ではない。自と仮他のジの生じた時期の順がどの様にあろうと、自は自が在る場合においてのみ仮他が意義を持てる。自が生じる以前において自は仮他に自発的な影響をもたらすことはあり得ず、自が消失した以降においては自は仮他に自発的な影響をもたらすことはあり得ない。自が全てにおいて活動するのは自の在る状態または時点のみであり、それ以外の何れでもないことは平易で理解しやすい。

自は在る。仮他の存否は不明である。では次に論者の自と仮他の生じた時期は如何だろうか。私の自内であり把握に易いと思えるが、より精密に思考する必要がある。自内の仮他から派生した論すなわち仮他の論を自内すなわち自の論と思い違いする場合、類似し判別に困難が生じないと限らないことを自戒する為の言語化である。よって順を追い飛び越すことなく思考する。「仮他が初期、私の自が次期」「私の自と仮他が同期」「私の自が初期、仮他が次期」の何れかであり、私のこれらは明確であり完全に「私の自が初期、仮他が次期」で他の何れでも完全に無い。自と仮他の生じた時期がどの様な状況であったとしても、自が在るときに自は自又は仮他を思考し、自が無いときには仮他を思考することはそもそも無い。それ以外の何れでもないことは自が幼児期に既に確認できている。

「仮他における自の位置づけ」

自が在る。自から生じた仮他がある。この仮他は「存否が存の人間A」と「存否が否の仮他B」があり得る。「私の自」は「論者の自のみ」であり「他者のジ」ではない。よって

「私の自」は「存否が存の人間A」も「存否が否の仮他B」も自に対して優位としないことは従前のとおりであり、人間Cであっても仮他Dであっても何ら変わらない。本前提を踏まえ「他者→自」の識見は如何なる事柄になるかを思考する。仮他は「存否が存の人間A」と「存否が否の仮他B」があり得、当然分別して様相の推察を要する。ただし本項の「推察」は明らかに「自は在る、仮他の存否は不明である」という明らかなる事柄と全く違い、「私」が想像した事柄に過ぎない。よって本論中であるが本項は「明らかに在る事柄」でも無く、まして「証明の洗礼」すら受けていないので単なる取るに足りないファンタジーに過ぎないことをまず持って断じ、そのファンタジーを続ける。

仮他が「存否が存の人間A」である場合について空想する。ただし、あくまでも自を論の軸とすることは当然である。すなわち主体は状態の如何に無関係に常に「私の自」であり、それ以外の何物でもない。「Aのジ」は在ろう。Aが人間であると想定しているので「私」と同様の「Aのジ」がここで空想された。「Aのジ」は「私の自」に対し接続が当然無い。「私の自」が「Aのジ」を感覚もしていなければ、「Aのジ」と思考を共有していないからである。接続は一方的ではなく双方向性を持たなければ優劣が生じ、それはすなわち本論元来の「自は在り、仮他の存否は不明であるという差異」に帰結するからである。「Aのジ」と「私の自」が接続されていない以上、「Aのジ」における「私の自」の位置づけは、「Aのジ」が優位で「私の自」が劣位になるのは当然である。ただしこの『「Aのジ」が優位で「私の自」が劣位になる』という事柄は人間Aの軸に依拠した表現であり、「私」の表現ではない。私の軸に依拠するならば『「私の自」が優位で「Aのジ」が劣位になる』ことに何らの影響も完全に及ぼさない。すなわち「自以外のすべての事物」における自の位置づけは、どの様な形式をとっても「私の自」に軽微な影響も完全に無いと空想できる。

仮他が「存否が否の仮他B」である場合について空想する。Bは「私の自」に派生した仮他である。私の自は仮他Bに優位である。すなわち「自以外のすべての事物」における自の位置づけは、どの形式をとっても「私の自」に軽微な影響も完全に無いと空想できる。

総じて「仮他における自の位置づけ」という事柄は、自に妄想上の影響を与えることはあろうが、実質的な影響は軽微なそれであっても完全に無いと空想できる。

ここでファンタジーを終える。

［認められる事柄と認められない事柄の明確な分離］

認める事柄とは自が認めた事物である。数的な証明や理科的な証明がなされていることに依拠するとかしないとかの意味合いではない。既存の説等を否定しようとか等に類似した大層なことを振り翳すことでも何でもない。そもそも他者に押し付ける気がない。本論は徹頭徹尾、他者の存否そのものを自が問う事柄を主旨とするため、不明なものに単純に押し付ける方向性は先に述べた様に、いわゆる常識や風習や文化等による暗示や強制や無批判の態度に倣うことになるのですまい。自が明らかに認める事柄のみを起点とし、その極狭域の一点から進むのみの思考であり行為である。先に述べたが、これはとても単純な事柄で幼児の私もそうした。これが認める事柄である。認められない事柄は、これ以外である。集合と補集合を指し、共通部分は無い。当然全体集合以外の範囲を述べない。

［認められるもの］

自すなわち思考のみが認められる。

［認められないもの］

自すなわち「私の思考」以外の全てである。

強く断るが、「認められない」とは「否定」ではない。「不明」である。

［確実にあるもの］

「確実にあるもの」と記すところの「もの」とは物質とは限らず非物質でも一向に構わない事物である。「確実にあるモノ」としたほうが適当である。よって「物ではないモノは

「無い」という立場から離脱できた。物の制限を既に撤廃したモノは全てとは言えぬが多くを包摂する。よって「知識の範囲内」という立場から離脱できた。制限を撤廃されたモノは「在る」と「無い」と「不明」を包摂する。よって「不明」を下位とし「在る」「無い」を上位とする立場から離脱できた。よって不明は未知なのかもしれず、元来無なのかもしれず、確実なモノとなった時点にそれは、在るとしたり、無いとしたり、不明としたりする状況が続くこともあり得る。三者の存在価値は等価でそれぞれを重視する。見えるから在る、触れるから在ると日常では無批判でなされるが、存否であるとか自や仮他であるとか、価値であるとかを考える時点では精密に確実を要請する。

この要請にしたがって、在るを思考するならばその根拠は自でしかない。空想を根拠としない。空想を否定するのでは全くない。根拠でないと精密に述べたのである。

自以外は仮他である。自は確実にある。仮他は証明されていない不明に属する。否定はただの一度もしておらず、する気も無く、否定することは自と仮他の根本を否定する自己矛盾でしかなく、する気もない。仮他の存否は不明である。常識や風習や文化やその他類する事柄に盲従せず明らかにする。権威に盲従せず明らかにする。「カミ」またはそれに類する事物を持ち出さず明らかにする。これらを一々否定しているのではない。無証明であり根拠とすまいと指摘するに過ぎない。この趣旨を探ると混乱することは既に述べたので無用である。

［証明の可否］

全ての事物の存否を証明することを希求している。これが本論である。正に証明により存否が肯定できる事物のみを「在る」とする。正に証明により存否が否定できる事物のみを「無い」とする。それ以外、すなわち「証明によって存否が肯定できた事物『○』」と「証明によって存否が否定できた事物『×』」以外は、全て「存否が不明な事物『?』」となる。事物の存否に関わる分類は○と×と?で構成されている。先述の通り?は将来○に変化するかもしれず、×に変化するかもしれず、?のまま継続するかもしれない。?は致し方ないが、○は永続的に○であることを希求して精密に設定したつもりである。×は永続的に

×であることを希求して精密に設定したつもりである。？はその時点において知力が及ばなかったのであることを真摯に認め惑うことなく精密に設定したつもりである。〇×？のいずれの設定も、ゴリ押しをしたことは無く、そうしようという思いも微塵もないし望まないことを希求している張本人である。仮他の存否が不明の証明は非常に平易であるが、精密さに欠きやすい傾向がある。「自」野卑に「私」と、「仮他」野卑に「アナタ」の存否を考えればその精細さの欠けに瞬く間に気付く。

「アナタ」に問う・・「アナタは居ますか?」。

するとあなたは即座に「居ます。当たり前です」と回答すると予想できる。

「アナタ」に問う・・『私』(筆者)は居ますか?」。

するとあなたは即座に「居ます。当たり前です」と回答すると予想できる。

一見、当たり前の問いかけと一般的な回答と読める。しかし、アナタは「私」の思考の欠片も共有したことも無く、私の感覚の欠片も共有したことも無く、私の何あれ一片も共有したことは唯の一度も無い。一度たりともである。その現状をもってアナタは「私」の存在を確認したかのように振舞っている。おそらくその根拠は「アナタがここに居るじゃないの」「アナタがここに見えるじゃないの」であろうことは簡易に予想がつく。しかしアナタは「私」に関して何らの証明もしていない。「無証明でいいじゃないか」ではない。そこには単純な思い込みであったり、習慣であったり、常識であったり、風習であったり、文化であったり、科学という名のついた教唆であったり、強制から派生している単なる無批判な無証明から派生した事柄が散在する。強く念を押すが私は一言も「アナタは無い」とは述べていない。述べる気すらない。一度たりとも同じ感覚を共有したことも無く、一度たりとも同じ思考を共有したことも無い状況下で、単に仮他である感覚の一側面のみを一時的のみに良きにつけ悪しきにつけ推察し、その推察のみにより判断する無防備さを避け思考することが徹頭徹尾、本論における論法である。裏を掻く必要は無い。精密さを本論は要請し有る。「私」にとってアナタは本当にあると言い切ってよいのかも風習や常識や文化等と無判断に一笑に付さず精密に思考する。本論では「自は在る」「仮他の存否は、無いのではなく不明である」と精密化している。本論の証明の可否の時点は「自は在る」は真であるの時点で、「他は在る」は未証明の時点であり、「他は無い」は未証明の時点であり、「他の有無は不明」の時点である。異論は出まい。もちろん従前の習慣や常識や風習や文化やシュウキョウや権威や強制や教唆を基礎とする鵜呑みの常習、無批判の常習等に拘束されていない状況下である。

［認められないものは否定もできない立場］

まず「認める」について述べる。本論において認めるとは自が自ら思考し認めたことのみを指す。仮他が為した事柄を無批判に流用することはすまい。仮他が為した事柄と同じ結論に達することを拒む方針ではない。肝要なのは自が思考することであり、仮他の為すを為さないは「自が認めること」において無関係である。

次に「認められない」について述べる。基本的には「認める」と同じであるが、自の思考より現れる結果は「認める」の様に単一ではない。「認められない」は、「否定である」と「不明である」を包摂する。「認める」は断定の一様式であり判定が出た状況である。「否定である」は断定の一様式であり判定が出た状況である。当然「認める」と「否定である」

は証明や認知が完了した状態のみを指す。これに対し「不明である」は不備や不足の一様式であり判定が出ない状況である。不備とは自に依る判断がその時点において完全には成功しなかった状況である。自の至らなさから来る。自は在るが、自は変遷するため進化もすれば状況においては退化も無論否めない。その時点で、自が命題をあたるに際し思考の量質が不足した状況等によって判定に至らないことはありえる。当初は満ちているが、変遷により過不足が生じることは当然に過ぎず何ら違和はない。またその命題が元来「肯定」「否定」の類別に属さない事柄の場合も、思考した結果が「不明である」に落ち着くことがあり得ることを認める冷静さが要る。更に命題の中には「肯定」「否定」が確定可能と思えながら、そう単純ではない事柄もある。命題中のヒステリカルな単語のみに注目し命題に重要な付帯事項があるにもかかわらず、付帯事項を無視し命題を単純視した場合はその典型である。「殺す」という命題は「否定」の結論のみを持つと単純視されるが、付帯事項「平時」「有事」を想起すれば「否定」のみの断定不可となるは一例である。

仮他の否定で恍惚すれば、仮他のみならず自内の思考でも否定を拒まなくなり得るのですまい。これは全ての批判において重要かつ当然な立場である。都合良い事柄や利益となる事柄、またバイアスのかかる事柄は「肯定」「否定」を即答しがちとなるが冷静さを保ち、吟味する姿勢を保ち「不明」の存在を無視すまい。この不安定は餓えるように欲望され、欲望している期間はいわゆる理性的ではなく「肯定」することに恍惚することもあり「否定」することに恍惚することもある。したがって認められない事柄については、認められる事柄を思考するときよりも綿密に思考し、その経路を逐一確認するよう努める。

［認める事柄のみを根拠とする立場］

物事を順に考える。飛躍したり順を変えない。手順を略すために、無批判な事柄を用いて、認識しなかった空白を作らないことに腐心する。不用意に常識や風習や文化等の引用を批判せずに妄信し空白を生じれば、次の空白が生じても慣れ反復するので論外である。認める事柄とは自が説明できる事柄である。自が問い、自が認識できる回答を自が為せばそれが認識できる事柄となる。

他である事物に依拠し設けた事柄は、それは既に他に依拠する事柄であり、これをもって自を問うたり、自が認識したと成すことはしない。なぜならば自の存在を問おうとする論であり根拠を他に求めることは仮他範囲内から出ない堂々巡りに過ぎない。

一度認めた事柄は、以降の事柄を認めるときに用いることがある。よって次第に積み上げる事柄の全ては、自で自が納得するまでに吟味し、後の使用に十分耐え得るにまで洗練を追求する。自の認知であっても不用意な事柄は避ける。まして自ではない作用から来る事柄の全ては混淆するに値しない。

「認めない事物の上に積み上げない立場」

数学的な「ジジツ」、科学的な「ジジツ」、シュウキョウ的な「由来や規則」、個人的な「習慣」、幾人かが持つ「常識」、集団が持つ「風習」、複数の集団から成る「文化」、その他様々な「馴染みの事柄」はここではほとんど用いる必要がない。本論は思考の追及を行う事柄であり列挙した事柄等の正誤存否善悪等の問い合わせをする方向性は設定から無い。列挙した事柄を有るとしたり、無いとしたり、尊重奉ったり、無視したり無いとする思考とは何らの関係も引用も比較等は設定から無い。由来や規則や習慣や常識や風習や文化やその他の類似した意味を持つ事柄には先行思想がある。本論で定義している自の様な似た事柄を問う分野は多数あろうが、鵜呑みは無論する要請が無い。完全に取り入れないという執拗さの要請が無い。頑なな拒否の姿勢にも興味が無い。自が確かに認めたモノを下地にしてそれに依り今の事柄を問い、自が認めれば更にそれに依り次の事柄を問い、これを繰り返すだけである。順を追った姿勢をとる。

飛躍はすまい。

自が思考し認めなければ、それを用いず、それに積み上げることをすまい。

自が思考し不明であれば、それを用いず、それに積み上げることをすまい。

自が思考し不明であれば、それを否定すまい。

それは現状における不明であり、後はどの様な変遷を成すかわからない。

常識や風習や文化に類する事柄を、自分の思い込みにより無思考に浸透させない態度と同様に、自分の思い込みや欺瞞で事物を歪曲して自説に誘導すまい。

ここでは私が「私」の在り様を思考しようと試みている。「私」が「私の在り様」を些細でも歪曲すれば、それは私が「私」を歪曲している。基より矛盾であり必要でない。事柄の検証を行おうとするときの基本姿勢を挙げたが、これらは至って当たり前の事であり、至って実践が容易なことである。誰にも当然の事であり疑問を挟む余地すらない態度である。しかしこの態度は如何せん守られないことが多い。この実践は如何せん行われないことが多い。権威に弱い人々に特徴的な性ともいうべきか。無論著者もで反省しきりである。

自を問い始めたときは知恵も何もない幼児だった。「先人の知識」「保護者の言い聞かせ」「道徳と言われる考え方」「授業のような先行研究の伝達」これらは何もなかったが、他者の存否に疑問はあった。当時とあまり変わらず、かろうじて今でも根拠とできるのは「自は明らかにある」という事柄ほどしかない。

〔感覚の精度〕

私が実感できるものは多様である。私自身の心すなわち感動然り、創意然り、喜怒哀楽然り、愛憎然り、快不快然り、他にも思いは多種あろう。また、眼からの視覚然り、耳からの聴覚然り、鼻からの嗅覚然り、舌からの味覚然り、皮膚からの触角は多様で主要な事柄を例示するなら温度覚や触覚だろうか。生物学の感覚神経の説を論じる気は無く、圧覚・温覚・痛覚・冷覚等の分類をしたいものでは当然無いので念のため断る。この他にも雰囲気等を感じることもあろう。

多種あり、ある命題に出た回答例であるから、当然共通した事柄が語彙不足ながら例示できた。一つではなく、複数挙げられたということは、これらの「○覚」はそれぞれが共通点を持つことも当然示している。分類の根拠は挙げればきりがないが、特に際立った共通点が一つ歴然とある。

「それが思考なのか否なのか」の観点である。心、感動、創意、喜怒哀楽、愛憎、快不快などは思考である。自らに考え及べば瞭然である。これに対し「○覚」と命名した（された）事柄は思考ではない。これは感覚である。こちらも自らに考え及べば瞭然である。

私の思考は私の事柄である。他人の思考の一片たりとも私の思考ではないことは明確である。私の思考が他人の思考の一片か否かは不明である。厳重に断るが他人の思考の一片たりとも私は知り得たことが無いので「これは不明」であり「これは無い」では全くない。不明は不明の範囲を出ることはない。不明と無いを混同すまい。よって私が実感できるものは私の実感であり、他人の実感ではないので精度がこの点において向上した。

感覚は思考とは異なる。当然である。疑問の余地は皆無である。思考は自そのものである。結果感覚は自となり得ず、明確に仮他である。感覚は知らせであり思考とは類似もしない。仮他は自によってのみ生じる。既に述べた。

まず、自すなわち思考について精度はどうか。思考は我事柄ながら変遷を余儀なくすることはあり、これは当然である。「自のみ、というならば自が調節可能でないか」と問うのは余りに短絡であり問題視すらしない。「思考」は自内でのみ考えおよび確認され次または別に移行するそのものであるので出来不出来に関せず自ずと変遷する。自は思考である。停止ではないと当初より含んでいる。疎放を開始とするならば、中途も疎放とならざるを得ず、無論ながら終焉も疎放の範囲を越えられない。これも含むが、思考は集中時にはその分を満たしているために精度は常に満たされている。不乱である。次に平常時においての思考は如何か。自が自を向いているときの精度は常に満たされており補完は無い。自が仮他を向いているときの精度は常に満たされており補完はない。「自が散漫たるか」と字面を問われるならば、無思慮たれば「自が散漫たり得る」と鵜呑みすることもあろうが、自は自であり、自らを傍観する高者があるならば自はそれであり、傍観されるは既に仮他である。自ではない。故何れの自の状況下によらず、そもそも自は単一の状況であるので思考の精度は常に満たされている。

次に感覚の精度は如何か。仮他の感覚の精度については論ずるまでもなく不明である。私の感覚の精度の注視は熟慮が要る。自の思考は既に自らが自ずと為す事柄であるために無証明であることは先述した。これに模倣をしようと腐心することは意味がない。思考は自の領域であり、感覚は自の領域ではない明白さがあるからである。自は「為す事柄」であるが感覚は「為される事柄」であり、そもそも起源に自との同一性が皆無である。よって、別の考察が必要となる。感覚は要請に応じて生じる。要請の主は自であり仮他ではない。及ぼす方向は自から仮他にのみあるので、感覚への要請はその感覚が所属する自のみであり他のいずれでもない。「自の要請によって感覚が生じる」と文字表記すれば、その意図は文字の狭域の語彙に纏められがちなので詳細にする。自の要請が感覚を生じせしめたのであるから、自が在るのであれば感覚もあり、よって自の精度に匹敵する分（量）の感覚の精度があるとはできない。何故ならば、自は変遷すると当初より述べている。よって自の状況に応じて感覚を要請する意図も異なれば、要請する感度も異なる。よって、時間的状況や位置的状況や環境的状況が変わる度に、その瞬時毎に感度を含む精度は当然ながら変化する。感覚の精度は保証されない。

自が明瞭なときには思考は明瞭に行われ、自が変遷しているときにはその変遷の度合いに応じて思考が行われ、自が途切れているときにはその途切れのとき（時）と度合いに応じて思考が途切れる。これは実感の儘である。ところが感覚は自が明瞭なときと限定しても無関係に鋭敏なとき（時）と度合いもあれば、鈍麻なとき（時）と度合いも事実あり、自が変遷しているときでも無関係に鋭敏なとき（時）と度合いもあれば、鈍麻なとき（時）と度合いも事実ある。これ等の事柄からも自と感覚は異質とわかる。

［感覚の確実性］

「見える物はそこにある」「触れる物はそこにある」等と、さも当然の様に述べられる事が、無証明で「当然」という面をかぶり、無証明で平然と鎮座している。尤もそれを漫然と見ている事は「私」にもかなり多く、気付いたときに未熟と反省しきり悩む日常である。

野卑な言語化と、愚かな思いで猛省するが「日常の私」は論者とは思えぬ愚者振りで感覚に頼っている。若干の富を得ようと煩悶の日々を送り、富を得た瞬間に享楽し、またそれを延々と繰り返す醜態である。それほどまでにモノすなわち仮他一般は自に影響を及ぼす。私は論者の時点では自と仮他を純粋に分離し思考するが、日常は身辺のまわりの事物によって大いに流され大いに影響を受けている。論者と日常の私は同一であるが、思考しているのであるから致し方なく否定する事柄でもない。

「日常の私」的に日常を送るならば当然ながら事物に関する視点は「見える物はそこにある」であることは言うまでもない。その時点においては疑問の余地無く、そもそもその思考が生じる要請すら無い。日常はこれで事足りる。疑問は出ようが矛盾は出ない。安心快適な日常が終始矛盾なく維持できる。よって平時に感覚は多く想起しない。「見える物はそこにあるではないか。それ以上の確かさはない」「触れる物はそこにあるではないか、それ以上の確かさはない」と平時にまとめても一向に構わない。何らの矛盾も問題も生じない。利益も生じなければ不利益も生じない。

概して問題が無いということは、概しないときに問題を生じる。平時でない時点である。

平時は自も仮他も要請されず、想起せずともよい。要請の時点で自と仮他の違和が既にある。対象となる仮他の領域は要請毎に異なるが自は少なくとも独立している。違和感を持った領域の境界の多くの場合、仮他のうち感覚の外部分である。「量を疑った」「質を疑った」等が多い。感覚の外部とは「私の肉体の部分」なので「私」の領域であっても自の領域ではなく、疑っても否定しても大した問題を生じないため、疑義しやすいため、この領域をもって違和の対象にしやすい。モノは仮他である。言うまでもない。感覚は思考で無いため自外である。言うまでもない。仮他の存否は不明である。言うまでもない。したがってモノに対する「アラワレ」は自内であるから、感覚とは、仮他（モノ）が仮他（感覚）を通じて自内にアラワレた事柄である。存否が不明な仮他（モノ）が存否が不明な仮他（感覚）を通じて、複間接的に自に思考されるのであるから精度は自に劣る。「物事は取り様」とはうまい。自以外の事柄は仮他であるから、その多少軽重貴賤等は自の取り様によって変化することは自明である。感覚は仮他である事物に起こり、事物は仮他ゆえ存否が不明であり、その質的量的感覚すらも仮他を通過し、自の在り様によって感覚は適度に調節されている故に事物の質や量を常時定量するかは甚だ疑って然りである。自と仮他の存否を辿れば明々白々であるが、私も混迷の日常に正にあることは既に述べたままであり頼りない。確かなるこれに確かに依拠し、存否が不明な事物に不明であることを認識し、不明を在ると依拠することなく、また不明を無いと依拠することなく、不明と認め、在ることと不明なことを明確に分け、無いことと不明なことを明確に分け、確実なる事柄と不確実なる事柄のそれぞれを活用する態度が今あるか、これを私に問うている。

［不安の分類］

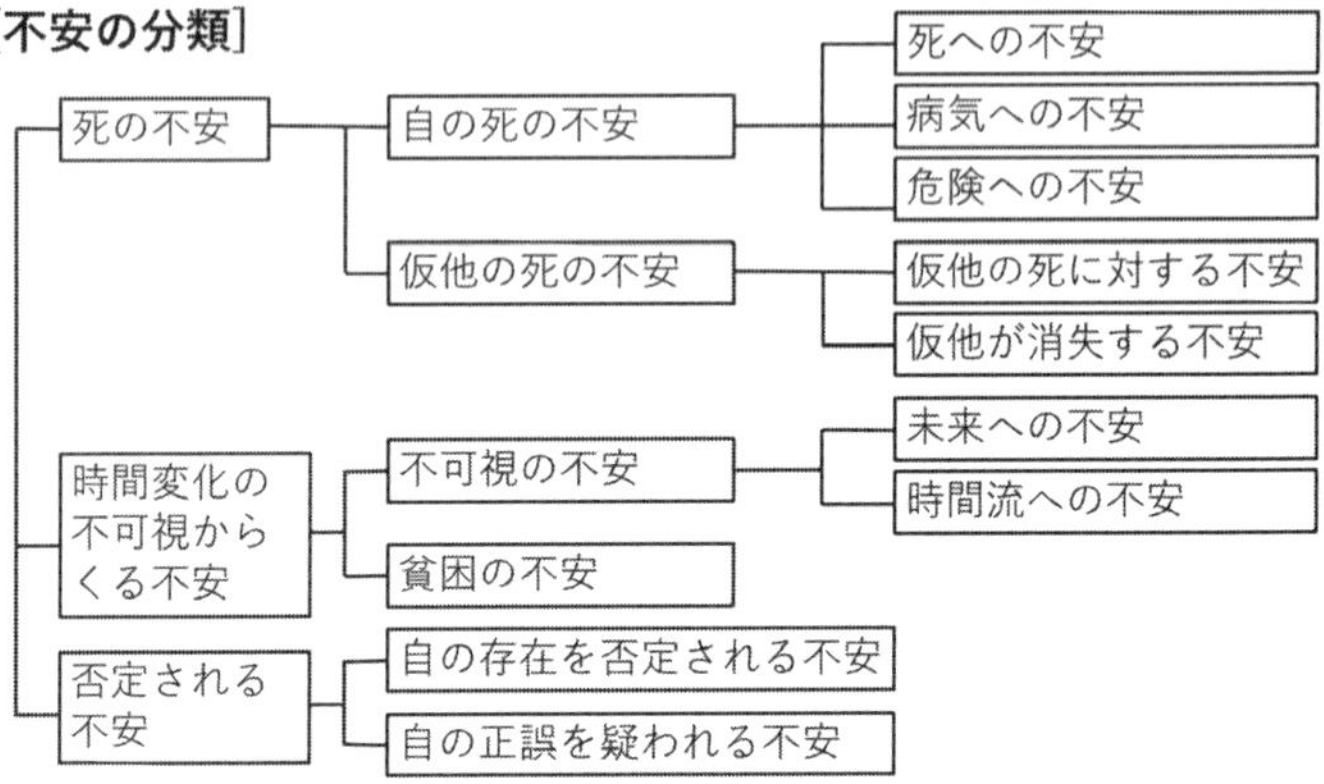

［不安の分類］

　自が不安定になる原因を分類する。不安は死（消失）の予期から生じるものと、時間の変化の不可視さからくる不安と、仮他による自の否定から生じる事柄がある。

　死の不安は「自の死の不安」と「仮他の死の不安」に二別できる。「自の死」は「私の死」と「他の死」を総じて含む。これに対して「仮他の死」は「他の死」に限定され「自の死」の不安要素を含まないので完全に異質である。死は「怖い事柄・恐ろしい事柄」と一括しがちだが全く違う。死は対象となる物による差異で分類でき、恐怖快楽の度合いによる差異で分類でき、その他に刻々と変容する自の状況によってその都度、質、感覚及び量もその他も変化し自内においてさえ多様である。自の死の不安はさらに「死への不安」「病気への不安」「危険への不安」の3つの要因に分けられる。この3つの要因は死に繋がる事柄という共通点はあるが、相違点が散見されるので別の思考として扱う。仮他の死の不安も原理の異なる「仮他の死に対する不安」と「仮他が消失する不安」の要因に分け別の思考として扱う。

時間変化の不可視からくる不安は「単純に未来の自分の生活や生命がどの様になるのかと慮る」未来への不安と、「時間の流れに対する違和からきたる」時間潮流自身の不安に分類できる。否定される不安とは、自の存否を否定される不安と自の正誤を疑われるかと思考してしまう不安に分類できる。これらは互いに異なるので分けた。

「そもそも死とは」

「死」とは単一の現象ではない。極々狭域に捉えるならば「A氏が死んだらしいよ」の「オナクナリ」という事柄を表する死である。死は個々の思いにより、常識により、風習により、文化により、更には法により、その他の影響により、多岐にわたる多様な現象の単独またはコンプレックスである。集団に共通した事柄として独自の性質を持つ事柄ともなる。一人称的にも独自の性質を持つ事柄ともなる。二人称的にも独自の性質を持つ事柄とも思われる。三人称的にも独自の性質を持つ事柄と思われる。集団に共通した事柄には法による分類が挙げられる。法での死の分類は文化圏により多様である。ある法は心停止を用い、別の法は脳波停止を用い、さらに別の法は別の現象を用いる。また別の法はこれら以外やこれらのコンプレックスを用いることも見受けられる。集団に共通した事柄には文化による分類も挙げられる。ある文化は肉体が滅びる事を用い、別の文化は一定時間または永続的に動かない現象を用いる。集団に共通した事柄には常識や風習による分類も挙げられる。ある常識や風習や文化は冷たくなることを用い、別の常識や風習や文化は腐敗を用いる。個々の思いともなれば対象の親密的な距離感や、時間的な距離感や、空間的な距離感やその他の距離感などによって、用いる尺度も、用いる現象も、用いる感情も個別であり時々刻々と変化することもある。それが当然である。これ等の様にすぐに思いつく死の現象でも死を考える人称によって多数列挙できる。

「死」とは単一の現象たり得るわけがない。たとえ生物学的エピソードであっても単一でたり得ず多様である。個体単位の死もあれば、器官単位の死もあれば、組織単位の死もあれば、細胞単位の死もあれば、その他の単位の死も当然ある。

また、生物の運命として「生」と「死」が必ず付きモノのように捉えられる向きがあるが、死の無い（死のタイミングの概念の差異）生物は居るし平凡である。イチゴは、今年の苗から伸長したランナーを儘に放置し殖え育てば次の年度もイチゴを作ってくれる。限界はあるがかなり繰り返す。ランナーは死んでいない。元株やランナーの一つが枯死しても、別のランナーが生きている場合、これは死とするか生とするかは決定ではなく捉え様である。美しいモミジは、一枝を環状剥皮し発根させ、植えれば伸びて美しく成長してくれる。元木は取り木と同一であり一方が枯死しても他方は死んでいない。イチゴの平凡さと差異ない。分裂により増える限り単細胞生物は子ではなく、本体そのものであり死んでいない。運悪く枯れたり死んだりする個体はあるが、分裂や栄養生殖等で持続する限りこれらは「死」を迎えない。イチゴの平凡さと差異ない。

兎にも角にも「死」は単一に総じられる様な単純単一現象ではない。ただ各々の現象や個々の思いの底流に類似した要素は無論ある。永続的なある要素の「消え」をさす。では「消え」とは何事か。

「ある」「消える」と書けば単純に「●」と「○」のように思えてしまう。死が単純表現に附さない事柄であったと同様に「存」「消」も単純表現に附さない事柄である。「ここに存在する」であるとか「ここから消える」は有無と同一ではない。有無は相互に変化を持つ必然性は伴わない。有は「ある」のみであり他の制限を伴わない。「ある」ために位置があってもよく、位置が無くともよい。「ある」ために時流があってもよく、時流が無くともよい。かかわらないのである。これに対して「存在する」は位置の変移や時流の変遷であったりの「変わり」の中においてある。「消」は対となる「存在」を本体としてのみ為されるので「ある時点あるところにおいて存在する（または「した」）ものの変わりゆく一形態、すなわち変遷であるため「こちらあちら」であったり「いまつぎ」の変化を持つ必然性を伴う。

「存在する」「消える」は相互に変化である。この二つに一見優位下位が存在するように信じがちであり願いがちである。「ワタシ」をのみ設定し、いわゆる変化を考慮するならば、消えるは「ワタシの領域」からそれが移動しワタシの領域において無となる事柄である。しかし位置であるとか時流であるとかを「ワタシ」に付加する状況下では「ワタシの位置」「ワタシの今」が生じ仮他が自ずと生じる。ここで言う位置とは当然ながら物理的な事柄でなく、思考上での「ワタシが今居るところ（位置付けA）」と「ワタシが今居ないところ（位置付けB）」である。位置付けAと位置付けBは共に位置付けのみであり、何らの事物も付随しない純粋な位置付けである。位置付けAにワタシと事物があるとする。ワタシが死ぬとする。これはワタシのみの事柄でありワタシが位置付けBに移った。位置付けAに事物が所属し、位置付けBにワタシが所属する状況下に変遷する。

先に位置付けAと位置付けBは共に純粋な位置付けであり、元来、事物を付随していないことを確認した。となれば、ある位置付けに事物が所属し、別の位置位置づけにワタシが所属している事柄と、ある位置付けにワタシが所属し、別の位置付けに事物が所属していることは同値である。

この思慮を持ったならば「私の死（キエル）」と「私以外のすべてを包摂した事物の死（キエル）」は等価となり得、よって、私の死に伴う多様な付帯事物を「私以外」に転嫁し、私に来る多様な付帯事物を丸ごと回避できると思慮できてしまえ得る。ワタシは「ワタシの苦」や「ワタシの痛」や「ワタシに来る負の要素」を完璧に回避できるとする思考様式の形成である。ただしこの思考が危険なのか安泰なのかは、個々の死の捉え方によるため、また位置付けAや位置付けBすなわち仮他の存否の「在り所」が不明なために断定は不能である。やはり自以外の「存否は不明」が自以外の範囲に及び、これは自以外が総じて同じ性格を持つことを示している。よって個々が「今」の時点の「自の在り様」のみにより死という事柄を仮他の影響を受けず決めることとなる。致し方ない。

[強い不安定の原因である死]

最も強い餓をもたらす事柄は無論死である。死とは全てを欠く事である。では、全てを欠く主体は何か。自が思考しているが、平易にするため本項は自を私と書く。いわゆる私が死ぬとき、全てを欠く主体は私である。私の全てが消滅すると想起し慮る。では、私以外のものが死ぬことを慮る理由は何か。私以外のものが死ぬとき、そのものの全てが消滅すると思われ慮るとすれば、私の死と私以外のものの死は似ている。しかし、私の死は私以外のものの死に比べ絶対的に重大である事は言うまでもない。ごく一部の例外を別として、他人が死んだとき「私が替わってあげようかな」とは感じない。自の「死」と他の「死」は本質的に異なるのか、同じなのか。人の命は等価だと思ったがどうやらそうではない。自にとり「私の死」は「ワタシの死」を絶対的に凌駕する。「私の死」は別格とし、では自以外の他の命は全て等価かと言えばそうでもない。植物の命は総じて軽視され、人以外の動物の命は総じて少し重視され、他人の命は総じて更に少し重視されるが、自分の親族の命はかなり重視される。中でも自分の親の命は極度に重視される。特徴的なのは自分の子の命で、自の命よりも重視していることは一般的ではなかろうか（例外とする向きもあるそうである）。少なくとも私は完全にそうである。自分の子の命の重視は、かわいいであるとか、その他の「おもい」という曖昧模糊なものと切り離して本質的に考える必要がある。

自の不安定は、自からは生じない。何故なら自は既に在るのでこの時点で満ちている。満ちていたものが満ちていない状況に変化したと判断するためには、自ではない仮他との比較を要する。自が、自のみであれば比較しないのだから、常に「有る」すなわち満ちている。よって不安定とはならない。仮他が不安定を生じさせている。例えば価値あるものが滅するとき、私が不安定になるが、これは仮他が自から滅するから揺動すなわち不安定をもたらす。では自が滅する場合はどうか。病気で死ぬのは自分におこる事柄であって、他人は無関係だから「自のみから生じる不安定」があるのではないかと思われる。しかしこの場合においても仮他が関与している。病気に伴う苦痛とは感覚である。これは自そのものではなく、どこかにある自分の付属物からもたらされた「痛み」という情報である。痛みを虞る思考は自だが痛みは思考ではない。痛みは身体という仮他からくる感覚であるから現象であり、よって仮他である。では、自分が死ぬという虞はどうか。

［自の死に対する不安］

死の虞は仮他と無関係に自から生じている困惑ではないか。しかし自らの死の虞であれど仮他が関与する。苦痛は既に仮他であった。自分が死ぬと同時に全ての感覚も滅するならば死の虞はあり得るか。死の虞は親や子との永別をはじめとする知古との永別の虞や野卑だが富との永別の虞などは仮他に起因する事柄をいずれにせよ含む。自らの死に依拠する不安定とはいえ仮他との連関が強く、自のみからの派生ではない。

自が消滅する事柄による虞の要素は何か。自の消滅は、自に依拠する虞であり仮他に無関係ではないかという問いである。この場合の虞は「自分が消滅する」ことが主である。「自分が、それまで自分が居た状況から消える」事柄であり、自と状況を区別しており、よって状況すなわち仮他から自が消滅や移動することを元にする不安定さである。自らの死であっても仮他との連関である。仮他が無く、全てが自らに従って付属するならば、自が滅するときに全ては共に同時に滅するので死に伴う離苦は意味を持たない。これが死に至るまでの時間部分の論考である。

死の瞬間については完全に不明である。常識や風習や宗教や文化において死を語るものを散見するが無念ながらこれらは総じてファンタジーである。真実は情報が無い。死んだ者の報告は受けられず、「私」に至っては「死」の経験が無いから完全に不明でそれ以外では完全にない。よって論じ様も無く論じない。

死のあとは完全に不明である。シュウキョウ教義を扱う気もなくその必要性も皆無である故に死の後について語る事は一切不明でありすまい。本項ここまでの観点から自の死に対する不安は死の瞬間までの「生の期間の最末端の思考」であり、「自の死の瞬間に対する不安」については論じる情報も皆無であり、論じる気も毛頭なく、論じるならば本論全体の潮流に真っ向対するので論じる気も論じる興味も皆無である。そもそも甲斐が無い。

［仮他の死に対する不安］

自と物理的距離又は精神的距離が遠い仮他の死について限定すれば自は不安を生じない。物理的距離が接近すれば仮他であってもその死は不安を生じやすい。同様に精神的距離が接近すれば仮他であってもその死は不安を生じやすい。その不安の程度は極度に弱い状況から極度に強い状況までスペクトラムである。仮他と自の関係（設定）によっても相違し、また自の時点の状況によっても相違する。不安の強度が極端に強い場合は自罰や自傷や自死をも選択する様相すらある。自は仮他に優先するため自罰はともかく自傷や況や自死は選択されるべくもないと考えられるが散見する。本様相を短絡的に自と仮他の設定に矛盾があるとされずともよいが限れない。全ての人称の様相を慮る必要がある。具体化するため人A、人B、人Cを想定する。

人Aの死とはジBの現状況から人Aが消滅する現象である。ジBの人Aへの執着が、ジAの補集合に含まれる要素全てに対する執着の総量に対し圧倒するならば、ジBは現在の状況すなわちジAの補集合に執着する必要性は希薄となり、「消滅したジAが在ると想起した状況」に移ることを望んで然りである。ジBが自身の現在の状況を脱する、すなわち自死の選択である。この際の「ジBの人Aへの執着の度合い」はジBの判定した質と量であり、他人Cはそもそも類推するに値しない。同様に「ジBのジAの補集合への執着の度合い」もジBの判定した質と量であるから、他人Cはそもそも類推するに値せず、よって仮他Aの死に際する人Bの自死は他人Cが評価することに完全にそぐわない。

仮他の死に対するジの不安は事案ごとに多様であり他人が類推するにそぐわないが、その不安を第三者Cが慮るには「大別」は重要な観点である。ひとつは「仮他の死により、いずれ訪れるジの死を想起し恐怖を想起する有様」、ひとつは「再会不可であることを悲嘆する有様」、ひとつは「死した人Aに対し人Bが持ったであろう思いの執着の強度への配慮と、当時状況（人Bと人Aが当時在った界）への、人Bが持つ執着の強度への配慮の対比からもたらされるジBの現状変更（いわゆる後追い）を志向する有様」等があげられる。無論これらはコンプレックスであるが各要素の強度差はジBの時点の状況によってどれが卓抜するかは変遷し続ける。コンプレックスが相互に増強減衰することもある。第三者Cの慮りは「人Aに対するジBの慮り」と「自Aの補集合に対する自Bの慮り」の少なくとも両者を含めることが元来要請される。本状況に遭えば昂るが一方のみを慮れば本質が慮れない状況下となりがちである。

［仮他が消失する不安］

一般的に他人が死ぬや他人が去るという言語は感情を考慮しなければ現象としてはわかり易い。「ワカリヤスイ」の根拠は死が自の経験にはあり得ず、よって他者の死を外より見聞した経験からの仮他的知識からもたらされた為、すなわち「死の客観」のみや「死の表出面」のみに頼ればよいからである。「死」と「消失」は類似点と相違点がある。常識や風習や文化に依るが総じて死とは一般に自から視て「人間」や「人間に近縁の動物」または「自が対象に『生』の要素を付加した事物」に用い、消失とは自からみて縁遠い事物に用いる。程度の差はあれ、この分別は「私」の価値観の上位下位に左右される。

ある時点やある自の有り様の時点では、対象の人間に相応量の価値を感じ「死んだ」、特定の動物に相応量の価値を感じ「死んだ」、特定の植物に相応量の価値を感じ「枯れた」、特定のモノに相応量の価値を感じ「消えた（失った）」と差異を設け評価することもある。

別の時点や別の自の有り様の時点では、対象の人間に相応量の価値を感じ「死んだ以外の言語」、特定の動物に相応量の価値を感じ「死んだ以外の言語」、特定の植物に相応量の価値を感じ「枯れた以外の言語」、特定のモノに相応量の価値を感じ「消えた（失った）以外の言語」と差異を設け評価することもある。

「死」「消失」「枯」「壊」等の言語は「生の有無」を判断に沿わせば現象の本質は似る。よって常識的に風習的に文化的に人には葬儀を行い物品には葬儀以外を行うことが多い。しかし個々においては「死」「消失」「枯」「壊」等の言語に際し、特定の人に「葬儀以外」

を行うことがあり得、物品に「葬儀」を行うこともあり得る。この相違は「私の有り様」や「ワタシの有り様」によって決まることであり「他者の思考の有り様」や「常識や風習や文化」とそう関係は無い。一般的な死は多様であり、客観的な死の捉え様は多様であり、その他の観点から見た死もまた多様である。集団内では常識として既に定義された「特定の死の概念」が共有されていることがほとんどで連綿と受け継がれている。しかし死の現象の捉え様や、死の定義の有り様や、死の概念の有り様や、死に伴う変化の捉え様や、死と空間的な関係の捉え様や、死と時間的な関係の捉え様等は、個々によって集団のそれと一致していたり異なっていたり多様である。散見される死の概念の有り様の事例をいくつか例示する。

[**仮他の死**　**様相1**]

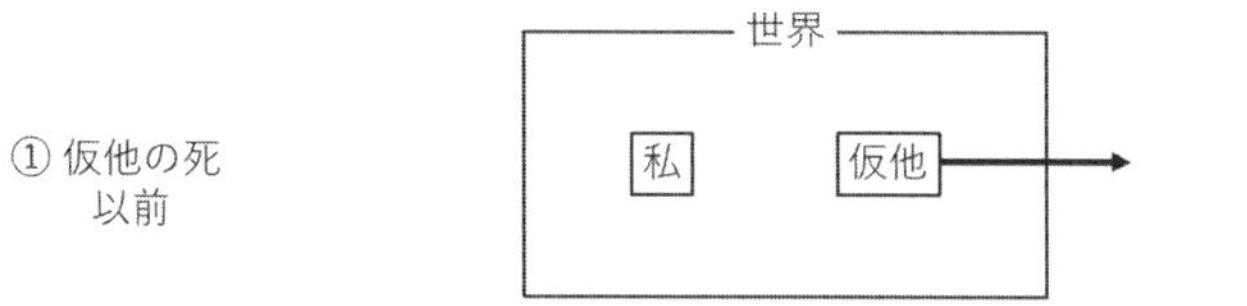

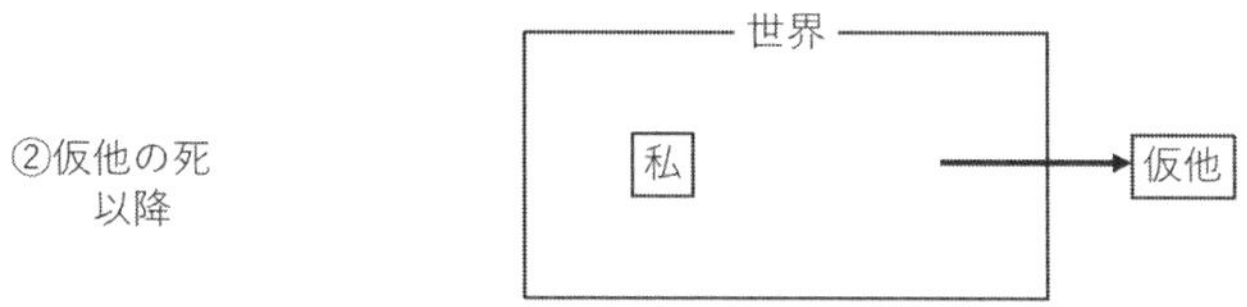

[**私の死**　**様相2**]

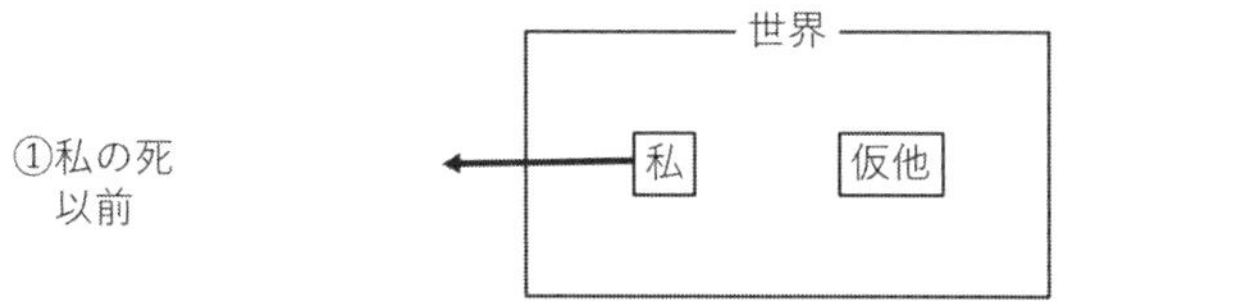

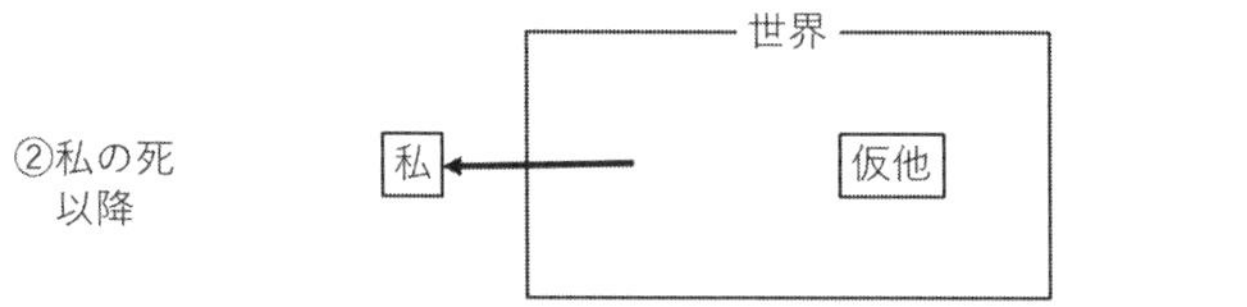

様相1と様相2の違い、すなわち他人の死と私の死の相違点は私と仮他との関係ではない。私と仮他の関係は様相1であっても様相2であっても共に「当初同じ領域にいた二者がある契機を境とし交流のできない別の領域に移行した状況」なので同一である。違うのは「世界」と称した部分の所属の状況である。様相1では世界は死を挟んでも変化せず私側にある。これに対して様相2では世界は死を挟んで変化し私側に無い。よって完全な孤立を想起するために特殊な仮他の事例を除いて仮他の死より私の死に虞を強く抱く。

無証明を完全に排除すれば自が在る事柄は明確で仮他の存否が不明な事柄も明確である。自が在り仮他の存否を存とする立場と、自が在り仮他の存否を否とする立場に分けて思考する。前者、自が在り仮他も在る場合は先述の事例の様相1と様相2である。比し後者、自が在り仮他の存否は否とするならば次の様相3と4になる。断るまでもないが様相3と様相4はいわゆる独我論ではない。そもそも「私」という曖昧さで表される事物を扱ってはいない。本論では曖昧さは取り扱う予定はない。

[仮他の存否が否での仮他の死　様相3]

①仮他の死
以前

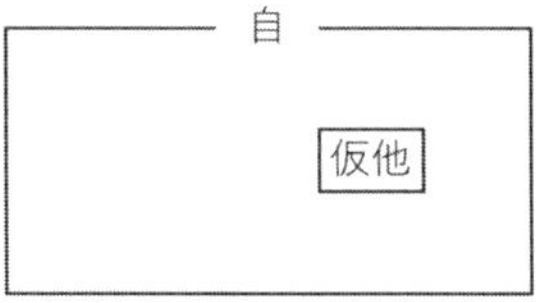

②仮他の死
以降

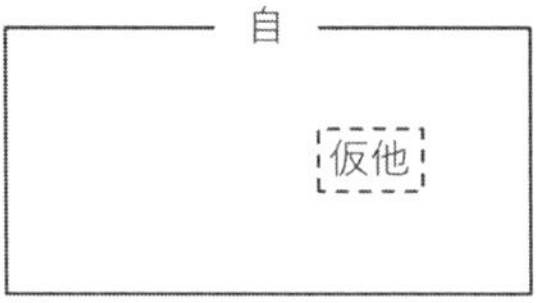

[仮他の存否が否での自の死　様相4]

①自の死
以前

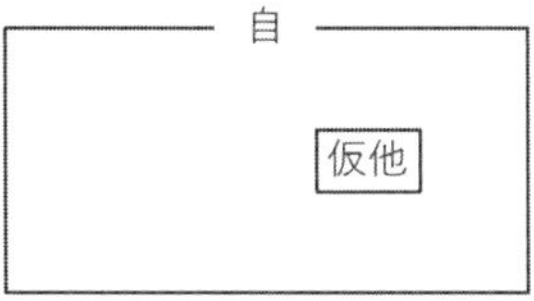

②自の死
以降

まず仮他の死である様相3を述べる。

自が在り仮他の存否は否と成す事柄は、仮他が自内の出現である事柄である。自と仮他が独立しているのではない。よって死は前様相1および2の様に世界から仮他が離脱するのではなく、自内で仮他が消失する変化（死）（様相3②）の事柄である。

次に自の死である様相4を述べる。

様相4①において自が滅する。

自が滅するのであって様相1や様相2の様にいわゆる「世界」と呼ばれるエリアから自が脱する思考とは異なる。自が滅するのであるならば仮他は想起した自が滅したのであるから滅する。想起した階層が無くなる状況下で想起された階層は無論無となる。

この様相4は厄介な考え方を生み出しかねない。様相4②は想起した階層である自の消失により想起された階層、すなわち仮他が共に消失している。この事柄のみを曲解し「自分が死ぬときには、世界も意味を持たない（消えるからそう意味付けしている）のだから、

［死についての危険な様相］

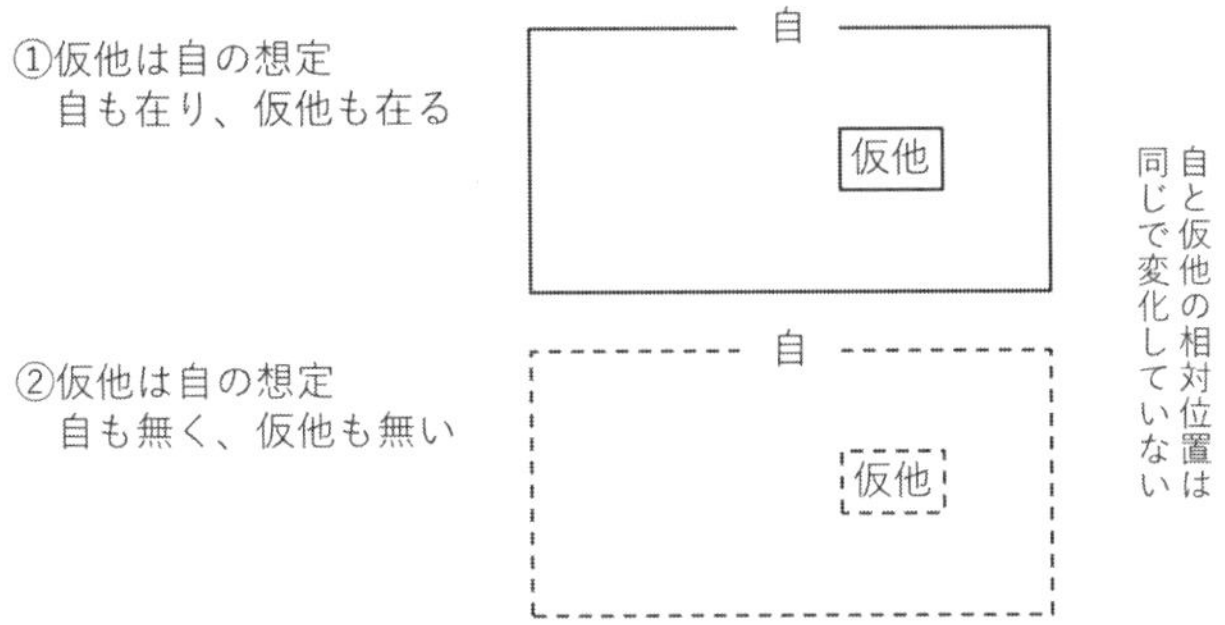

死は既に意味を持たない」と論破を試みる考え方である。（図　死についての危険な様相）

様相４①と様相４②は自と仮他の位置関係が何ら変化をしていない。また様相４①は「自が在る様に仮他は自内でこの様にある」の相対関係を持ち、様相４②は「自が消失した様に仮他は自内でこの様に消失した」の相対関係を持ち、自と仮他の相対関係が何ら変化をしていないとする論である。様相４①の生状態と様相４②の死状態の間の差が既に意味を成していないと曲解し「死」に抵抗を無くす厄介な考え方である。これは差が既に意味を成していないのではない。この論において欠落しているのは「仮他の存否は不明である」という二次的ではあるが重要な観点である。仮他の存否は否と特定はできない。

仮他の存否は否であると無証明に限定する考え方は明解に誤りである。仮他が消失する不安は常に付き纏う。不安は不快で生じない方が有難いように思えなくもないが、前述のような著しく厄介な考え方を防止する効果は大きい。不安を避けることが自を安定させるし危険も回避できる。不安は能力である。不安を用いる者が消極的に不安を被れば負の効果を発揮するしかなく、積極的に不安を纏い危険回避に用いれば正の効果を発揮する。

［不可視に対する不安］

ある時点において「見えている物」に対して不安は無い。無論恐怖はある。虫嫌いが虫を直視している時点で生じる思考は恐怖である。虫等の特定の不快対象がその時点において思考の中に明白に確認している状況が恐怖である。不安は特定の不快対象がその時点に思考の中に明白に確認されていない状況である。恐怖はその時点で対象が理解できているので対処や回避ができる。前例虫なら殺す対処や離れる回避である。他の事物も同様何らかの対処または回避が基本できる。恐怖は幾許か困難があろうが対処または回避ができる。
不安は不快対象がその時点において自覚できていない点に困難がある。何を除去すれば困難が解消できるか不明なので回避や対処ができない状況下である。端的に恐怖と不安は分けられるが程度はスペクトラムである。例えば不安から恐怖までのスペクトラムには次のような表現があげられる。

「動けない」、これは動作のみの表現であり何らの対象もあげられておらず、ほぼ不安である。「自室に籠る」「家から出られない」「玄関から出られない」、これは不安の無い場所と不安の有る場所があげられているので「方向性」という要素が発現したので純粋な不安から若干恐怖に移行した状況下である。「学校にいけない」「学校に入ることができない」、これは方向性に加え「具体」と「行けない」という行動様式があげられているので更に恐怖に近い。「登校から下校までの時間に自分の思い通りに逃げられない」、これは「時間」という変化や「逃げられない」という状況把握や回避法があげられているので更に恐怖に近い。「いつ腹が痛くなるかわからない」「同級生の視線が怖い」、これは「腹が痛く」「同級生の視線」という原因が具体的に挙げられているのでほぼ恐怖である。

不安は不可視から生じる。よってその時点と先の時間の連関で生じる。恐怖は対象が出現した時点だけでなく思考された時点で生じる。対象に不快を生じるのであるから実存在として思考に出現することも、居ると想起し思考に出現することも同じである。思考内の困難であるからこの状況は本人にはリアルであっても他人は導因となる事物の種類や困難の程度や解消の見通しは理解しがたく無理解が生じる。不安の不可視は「導因が『何なのか』わからない不可視」「導因が『いつ思考されるか』わからない不可視」「来たる『不安の強度がどの程度になるか』わからない不可視」等が挙げられる。どの不可視も見通しができるかできないかに左右されるため、短期の未来しか思考できないか長期の未来が思考できるかにより解消の期待度が大きく変わる。時間の概念は個々に多様であり不可視からもたらされれ不安も多様となり得る。時間の捉え方の多様性は別記するが不可視に関わる部分のみを挙げる。

過去の事柄は既に見聞したので一般的には理解しやすい。しかし過去という時間帯を認められない状況下もある。過去を別人のエピソードの様に把握する時間感覚の捉え様や、起きてから眠るまでの時間が一生の全てと把握する時間感覚の捉え様や、現在のみが「居る」のであってそれ以外の時間帯はリアルではないとする時間感覚の捉え様や、「昨日の自分」と「今日の自分」が連続体と捉えられない時間感覚の捉え様等はその典型で、これら以外の時間感覚の捉え様下の場合であっても、過去を見聞したとか過去は自分の経験であり自分の要素を成しているという事柄を認めがたい様相も個々に多様にある。

同様に未来の事柄についても単に未来の事柄を考えることが苦手である時間感覚の捉え様や、今日のみが在って明日は新規の今日（これは現在の意味）であるから明日（これは未来の意味）は無いとする時間感覚の捉え様や、何が起こるか不安のみしか感じられない未来を拒否する時間感覚の捉え様や、これまで苦痛しか感じない毎日の連続（継続）経験から明日が来ることを拒否し明日を無いものとする時間感覚の捉え様や、未来はいまだ来ていないのであるから「確実に非現実である」と設定し、よって時間の概念内に未来は存在しないとする時間感覚の捉え様など、未来を否定的に捉えたり、存在を認識できなかったり認識しようとしなかったりする様相もある。無論、時間は見えない事柄であり感覚に所属する事柄でもないため個々により捉え様は全く違い、また時点の思考の現状により変遷することもあり得、各々の状況下で各々異なり非常に多様で特化先鋭にて独創的である。

過去や未来という現実以外の時間帯における不可視の不安は、単なる思考の表層にのみ導因があると限らず、まったく別の導因が底流を成していることもあり得る。

不可視は「目に見えない」「今現在の時点において見えない」「未だ訪れていないので見えない」「想像は付くが見えない」「想像が付かず見えない」「物ではなく事柄なので見えない」「元々無いので見えない」「事実でないので見えない」「虚偽なので存在せず見えない」「見ないので見えない」「過ぎたので無価値である」「未だ来ていないので無価値である」など現状に応じて多様でありコンプレックスであり変遷もする。いずれの不可視の状況にも共通しているのは自が其れを其の時点において把握できていない点である。「見ない」は不可視ではない。現物から視線を避けているが、それと対応している記憶は有り認識もできているからである。これと似るが「見えない」は不明な事物が自に対し、いつの時点で、どんな形で、どれ位の強度で、どの範囲で影響を及ぼすか認識が為されていない様相もある。よって事物の不可視の不安も時間の不可視の不安も共に理解は自のみ可能であり、他者が理解を望む場合は個々の思考の様式に沿う慮りがいる。

［貧困に対する不安］

死や不可視は不安を招く基本的な事柄であるから論じた。貧困は如何か。貧困は死や不可視に同列させるほど基本的かと当初迷い、実は途中まで記述した分を一度消した。しかし消した後にこれを再記述している。本項は完結していない。先に述べて記述する。

幾度となく述べている通り自は在る。最も当初の時点において自は「在る」のであり過不足増減等はその後に派生する事柄である。最も当初の時点においては過不足の概念が無い状況下であった。自は「私」の思考のみを指す。自は最も当初から思考を続けている。時間の変遷を受容する立場では少なくとも今現在２０２４年２月２５日（日）１７時３４分においてはこれを思考している。また思考は次の時刻同日１７時３５分にもこれを思考している。よって思考は停滞ではなく進行であるから変化をもたらす。多様な方向に思考は自在に進む事は言うまでもない。思考は流動している。時間ごとに違うものでありエピソードが以前の事物と現在の事物で比較可能であれば、そこに差異が生じる。現在の事物が以前の事物に比し量質に「大」な場合もあれば「小」な場合もある。量が「多くなった」

「少なくなった」、質が「向上した」「低下した」、度合いが「進行した」「後退した」、基準と比較して「良くなった」「悪くなった」など多様な比がある。

貧困はその一つの比である。以前に比べて現在「何らかの物」が負を想起する方向に変遷していることを総じて貧困とする。一般的な金銭不足の話題の事柄ではない。

貧困を「負を想起する方向」としたが「悪い」と単に限定できない。「貧」は餓えである。餓えは「困」であると捉えるならば禁忌される要素としかならないが、「不足な状況」と捉えるならば「向上を目指す動因」ともとれ逆に望まれる。貧は向上を目指す動因となれるがこれは「私」に課す事柄であって他者に課す事柄ではない。餓えを想起しているのは自であるからである。他者の餓えは他者の思考であり私の思考と異なる。

風習や道徳や宗教や文化の一部に貧を目指すものは散見する。貧は「制限」そのものである。有る物を均等に分配し受領することに問題は無い。他者の物を奪い自己の物に利己的に接収することは競争という状況に遭い均衡が変わる。無論競争なすこと無きことの様相や均衡とることとらないことの様相どちらが自然の生業かといえば判別できないが、奪うという観点には問題があろう。よって均等分配よりも多くを得るは平等に比して抵抗がある。全員が均等に生きるため過不足ない物質量があるならば、平等下で「私」は生存を続けられる。同量の状況下で「奪う」が起これば奪った者が生存し、奪われた者が絶える。不足の状況は生存に本来向かないからである。

ではなぜ自らの生存を危ぶませる状況を目指すための「貧」を行う事があり得るのか。ひとつは自制である。人の物を奪う事の禁止戒律とし機能する。ひとつは福祉である。自らに所属する（またはする予定）の物を人に分かつ利他行為として機能する。これらは「私」と「対象者」が存在する。これがたとえいわゆる「カミ」への供物としてもそこには供与される「対象者」が存在しなければ成立しない。すなわちこの禁止戒律や利他行為共に「仮他の存否を存」としてのみ成立する。よって平時に一般的に自制も成立すれば福祉も成立する。では「仮他の存否を否」である場合「貧」は生じるのか、また成立するのか。

仮他が居るとするならば、良悪を無視すれば「Aの物を、私が奪う」という行為はある。よって禁止戒律の貧があり得る。福祉も「私の物を、Aに与える」という行為が成立し貧があり得る。仮他が居ないならば「奪う」はできない。よって禁止戒律はそもそも存在せずよって貧があり得ない。仮他が居なければ「福祉」は存在せずよって貧があり得ない。

「貧を自が避ける行為」も「貧を自が求道する行為」も自が行うものであり、他者に押し付けるものではない。何故ならこれらの思考をしている主体は自であって成り立つ。

ここまでで貧を目指すときの思考の流れを述べた。次にこの逆の貧を忌避する思考の流れすなわち不安について考える。貧は自の餓えであることは理解に易い。死の不安も自の餓えであることは理解に易い。貧も死も自の餓えである。ただ貧は富の餓えである。餓えは自に起こる事柄である。となれば餓えは生きている期間から死の瞬間までの期間のみに機能する。死の瞬間に餓えの期間は終了する。死によって貧は終了する。死はやがて確実に訪れる。貧はやがて確実に終了する。ならば貧が確実に終了する事柄なので貧は不安を付随する必要性は無い。ところが貧の不安は事実ある。なぜか。

「自は在り、仮他の存否は存である」場合においては貧の不安は有の状況も無の状況もあり得た。「自は在り、仮他の存否は否である」場合は貧の不安は無かった。「自が無くなった」場合は貧の不安は同時に消えるはずである。ところが「自は在り、仮他の存否は否である」場合も「自が無くなった」場合も貧の不安が私に散見する。この説明が難解な状況である。

不安は自に不安定をもたらす対象が明確になっていない場合である。本項は一定未証明を抱えている。不明確の要素を持つ不安の精密化を求める姿勢であってもの未証明である。

［自の存否を否定されることに対する不安］

「何某かにより自分の存在が否定されること」は不安定を生じる。不安定をもたらす事柄は状況毎に多様であり、度合いも多様であり、捉え様も多様であるが「自分の存在を否定される事柄」は強い不安定を生む誘因となり得る。さらにこの事柄は長期に影響したり、エスカレートすることもある。

「ジブンノソンザイガヒテイサレルコト」とは何か。「何某かにより自分の存在が否定されること」は軽微な「嫌い」等もあれば甚大な「居なくなれ」等もある。一概にできないので限定する。軽微な事柄は不安を生じず対象外である。自らの品行が不良で相応の否定が課された場合も対象外である。無論この場合の「不良」の判別は自が為す。本項の扱う事柄は自分の品行の良悪さに見合わない強度の「私の存在否定」が課された場合である。「自分の品行が不良で相応の否定が生じた場合」は既に自が自分の行動を悪と判別しており、後に自分は正常な自に照らし行動を改善する。この行動は自に照らし成すので他人の影響は有でも無でも成される。早晩解消されるので不安は生じず対象外とした。

「自分の品行の良悪さに見合わない強度の「私」の存在否定の場合」において自は「自分の品行の良悪さに見合わない」と評すので既に事態を判別し少なくとも比して悪としていない。自と仮他の関係より自の判別は自内で平時に正当である。曲解を避けるため述べるがこの判別は自内であり仮他を全く含まない。仮他を含める場合は当然その限外である。

「自分の品行の良悪さに見合わない強度の「私」の存在否定の場合」の「存在否定及びこれを生じさせた事柄」は自の対論であり自の意に反する仮他である。自と仮他の関係において自は主で仮他は従で、よって仮他のもたらす一切は自の下位にある事柄にしかなり得ない。元来自はこれを扱う必要性を全く持たず不安は生じる必要性を全く持たない。

ところが不安定は事実生じる。自が主で仮他が従であるとしても拘わらずである。平時自と仮他はあまり意識されないと述べた。軽微な否定では自と仮他の関係も私と他人の関係も希薄で、甚大な否定では自と仮他の関係も私と他人の関係も濃厚である。「自分の品行の良悪さに見合わない強度の「私」の存在否定」を他人より受けた場合は、私は既に他人の行為を判別し否定しているので、この事物（行為や他人）を無視や否定をし不安を回避できる。平時行う簡易で頻繁な自己保全はこれに該当する。甚大な否定は思考に反復されやすく消し難いが、他人が独断で行った事柄なので、対して私は独断で無視するのが自に照らすならば正当である。同様に私は独断で否定するのが自に照らすならば正当である。念のため断るが自に照らさない評価は当然限外である。

甚大な否定においては私と他人の関係よりも自と仮他の関係が深刻となりやすい。先述のとおり軽微な否定はそれを無視否定で回避できた。仮他の存否を否とする場合は「否定の行為」を為した仮他がそもそも無いので影響は生じない。仮他の存否を存とする場合は「否定の行為」を為した仮他は、自の主に対し従でしかなく無視否定しても自に照らす限り正当である。たとえ軽微な否定においてまで自と仮他の思考を持ち出しても、仮他の存否が何れであれ自が主となるため仮他がもたらす事柄は如何様でも、自に照らす限り回避可能に変わりない。軽微な否定は回避できたが、事軽微に対して甚大という程度差であれ回避が困難となる事態では発動する思考が異なる。「私」は「自すなわち思考」と「自以外の私の要素すなわち感覚と身体」から成る。否定は自にも感覚にも身体にも及ぶが感覚と身体はあくまで仮他であり自すなわち思考に直接影響しなくともよい。自にとって感覚の否定は甚大にせずともよい場合がある。身体は仮他である感覚の更に先にある事物なため、身体の否定は甚大にせずともよい傾向は感覚のそれに勝る。断るが「せずともよい」であり「しない」という限定でなく「する」という限定でもなく状況により自が量ることを行う。よって甚大な否定は自における事柄に多い。甚大な不安を生じたエピソードとは私と他人の相関と感覚されるが本質は自と仮他の相関であり、かつ仮他が自に向かい積極的に否定を及ぼしたと思いがちである。仮他が能動的な様相を呈し、自が受動的な様相を呈している。よってこの流れは捉え様の時点で誤認である。仮他は自に影響を及ぼすが、自が主で仮他は常に従であり仮他には否定の能力が元来無い。これは仮他の能動と見えたが違い、仮他の影響を受けた自の能動である。内向した自に因る自の否定である。自が意識して、自を否定し思考の方向性を修正する状況は自が理解しつつする思考であるから甚大な不安を生じさせず行う。しかし内向した自に因る自の否定は、自が不用意に自を否定するため否定の動因を自といえど見失う状況下となり、すなわち不安を成した。さらに仮他でなく自の思考なため仮他の軽微な否定のように容易に無視否定できず残存しがちで甚大な不安となり得る。自が既に自について孕んでいた異質の事柄を、仮他の作用が契機となり自己否定という表現に至った状況である。他人による私の混乱の側面だけでなく、仮他による自の混乱の側面だけでなく、自に因る自の異質の事柄の指摘の側面の重視がいる。

[自の正誤を疑われる不安]

自と仮他の主従関係より自にとって自は常に正当をなす。これは刻々と変化する自の思考全てに渡り常である。無論、常識や風習や文化や法等に照らして述べているものでは全くなく、自の諸活動は自のみが行うと述べるに過ぎない。自を正当と立て、仮他を不当と立て比較や対立などを指すものでは全くない。自がいわゆる正義で仮他を総じて不義とする過剰な自尊等とは異質である。この思考が次の思考に沿い続くように、この思考がこの行動に沿い続くように一貫性が保たれることが多いが保たれないこともあり得る。思考と次の思考、思考と次の行動の類の前後に違和が生じる場合は、その時点の自が、以前の自の思考を回想し、その時点の自の思考と方向性が一致しない状況下であったり、その時点の思考の表現としての行動と方向性が一致しない状況下である。自はその時点において自に照らし正当のみで構成され成されている。自に照らす限り不当はその時点において完全に無い。「自分はいま違和のある方向性をとっている」と感じている時点においても、その方向性に自の思考に基づく何らかの価値づけが重視され転向の必要性に至っていないため転向していない。自の存否を否定される不安の場合と同様に、正誤を疑われた場合においても自と仮他の主従関係を省みればさほど影響を受ける必要はないのだが、主従関係が曖昧な場合は不安を生じることがある。自の正誤を疑われる事例は次のように分類される。

一つは正誤が接近していて方策が明白に違う事例がある。自分が取り得るいくつかの異なる方策があるが、どちらの方策を行ったとしても結果に大差が無い場合に何を行えばよいのかを大いに逡巡したり、一方を行っている途上に他方の利益を過大に妄想し現選択に疑念を持ち滞ったりする事例である。

一つは方策が類似しているのに、結果が著しく乖離する事例である。自分が取り得る方策の当初において些細と思える差異しかないにもかかわらず、方策が進行するにつれ差異の影響が著しくあらわれ困惑し滞ったりする事例や、差異の影響が著しくなってのち省み、方策を変更しても基より差異がほとんど無く望む特定の結果に辿り着き難い事例である。

一つは自が主で仮他が従であるところを方策の選択を従である仮他に依存しがちな事例である。仮他の存否が否であれば仮他とて、主である自からの表出であるから自の思考による方策の選択になるが、仮他の存否が存であれば仮他の自と私の自は独立であり、当然ながらこれらは互いの利得の追及を行うので自の立場における正当と仮他の立場における正当の方向性が必ずしも一致するとは言えない。よって仮他の方向性を自の方向性と鵜呑みし生じた損益の予定と望む特定の結果の差異に困惑し不安を生じる事例である。

とかく自の正と他人又は集団等の仮他の正が常に一致すると期待したり、正は不変であると期待したりするが仮他の存否は不明である故に限界があると認める必要がある。これは自の流動性を述べるのみであり自が不当となることを示唆する事柄ではない。平時であれ有事であれ仮他の存否が存の場合は、自は私にのみ立脚し、他人の自はその人物にのみ立脚する。よって正も誤も自の状況の如何によって流動することを受容する態度を保つことが肝要である。同様に正も誤も仮他（存否に関わらず）の状況の如何によって流動することを受容する態度がいる。

［自の病気に対する不安］

病の不安は「死の虞」「痛みの虞」「身体喪失の虞」や「思考内の混乱の虞」からなる。死の虞は述べた。痛みの不安は自に直結する仮他に生じるため自に大きな虞を生じさせる。自と仮他との相対構造は図の通りである。

痛みは私の感覚であり仮他だが「私の体」に関する感覚であるから影響は大きい。「自分のモノではない身体だからあなたは身体の痛みを感じないのか」という問いが出るであろうから予めいう。図は主に自と自分の構成を表した意図のみであり、それ以外はない。本論で「私」という語句は「私の思考（自）」「私の感覚」「私の体」の総体を指す。

［自と仮他の領域］

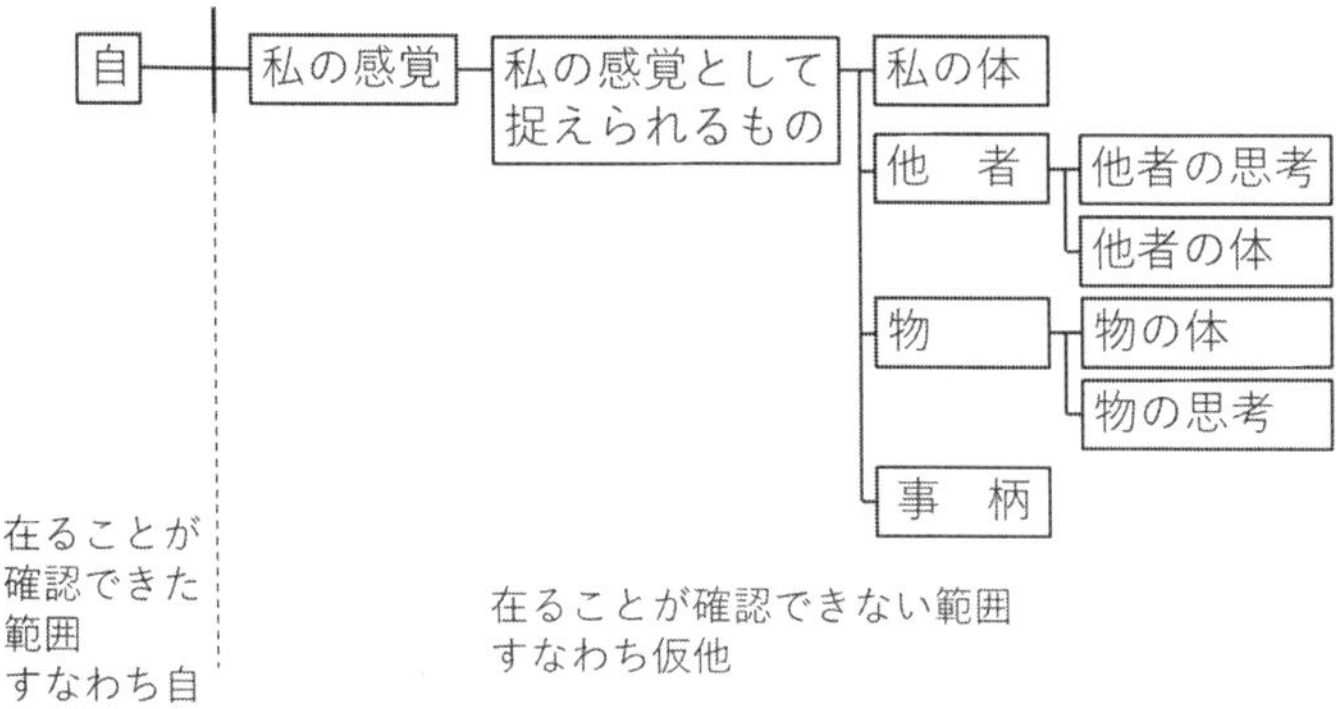

痛いという現象は感覚であり思考ではない。簡易にわかる。「見える」「聞こえる」「嗅げる」「味わえる」「触れられる」と同列の「痛みを感じられる」である。感覚は思考ではなく、すなわち自ではなく仮他であると述べるのみである。

　怪我であろうと疾病であろうと痛みを伴う状況は平常とは違う「虞を想起する状況」である。少なくとも良好な状況ではないため不安を生じることがある。図において仮他を「私の感覚」と「私の体」「他者」「物」「事柄」と分けた根拠は私の感覚は私の思考に直接的に情報をもたらすが、「私の体」「他者」「物」「事柄」は私の思考に感覚を通して間接的にに情報をもたらす観点である。同様に「私の体」と「他者」「物」「事柄」と分けた根拠は私の体の情報は感覚を通して間接的であるが「いわゆる体感」できる観点である。同様に「他者」「物」「事柄」これらをそれぞれに分けた根拠はない。これらの項目を同一にしても自と仮他の有り様に立脚するかぎり何らの問題も生じないが、仮他の存否が存の場合には分ける事になるので分けて表記した。

自の病気に対する不安は「私の自の病気に対する不安」や「私の体の病気に対する不安」等がある。「私の自の病気」とは思考に生じた混乱であり、自内の思考Aに対して異なる思考Bを立て、これらが過度に対立した様相である。思考Aと思考Bは先後に関係無く、正当不当に関係無く、その他の何れの比較にも関係せず、単に「異なる何らかの事柄がある」という観点のみで分けるためABの二つに限れずABC・・等複数となることは無論ある。

主は自であり思考Aも思考Bも自の思考で対立したとて融合されれば平時だが、自が思考Aの正当性または不当性、思考Bの正当性または不当性を比すのみで融合させないならば自全体の正当性または不当性に不安定が残存し先行かない状況下となる。自内に対立する思考が融合するならば問題は無いが「融合しない」又は「融合の結果が期待ほど洗練されない」場合は不安を生じることはある。思考が主に欲求で構成されており欲求Aと欲求

Bが反対性ではなく別種の方向性を持ち部分的に作用し互いに束縛すれば自の思考がねじれた関係で打ち消しあいもせず停滞となる。

「私の体の病気に対する不安」の「体」は仮他である。仮他は「私の体」「他者」「物」「事柄」を纏めるが、他者は私の病気に対する不安を生じず、物は私の病気に対する不安を生じず、事柄は私の病気に対する不安を生じず、私の病気に対する不安を生じさせない。「私の体」「他者」「物」「事柄」は総じて仮他であるが同一でないので分けた。「私の体という仮他」と「その他の仮他」の同一点と相違点を念のために述べる。「私の体という仮他」と「その他の仮他」の同一点は「自ではない」すなわち「論者の思考ではない」観点である。考えてもわかるが明文化すれば更にわかりやすいので記す。自より順に記す。論者にとって存否を述べることができる事物は「私の思考」である。「私の思考」の存否は存であると私は述べることができる。この存と述べることが明白である部分を自とした。「自」は「私の思考」と為せた。付帯するが私の感覚は「思考」ではない。すなわち感覚は自ではない。以外は総じて略す。

この明白さを基にし各仮他の同一点を記す。「自」は「論者の思考」である。わかりやすい。「私の体」は「論者の思考」ではない。わかりやすい。「他者」は「論者の思考」ではない。わかりやすい。「事柄」は「論者の思考」ではない。わかりやすい。「物」は「論者の思考」ではない。わかりやすい。

次に「私の体」「他者」「物」「事柄」のうち「私の体」に対する他の仮他との相違点を記す。「私」は「私の体」に生じている痛みを感覚をもって知れる。わかりやすい。「私」は「他者」に生じている痛みを感覚をもって知れない。わかりやすい。「私」は「物」に生じている痛みを感覚をもって知れない。わかりやすい。「私」は「事柄」に生じている痛みを感覚をもって知れない。わかりやすい。「痛み」としたが無論他の感覚も総じて同じであるとは言うまでもない。「私の体の病気に対する不安」は仮他のそれに比して相対的に影響差が生じるのではない。絶対的な影響が生じる。比ではない、また差でもない。

本項のはじめに述べた通り、私の体の病気に対する不安は「私の体の痛みの虞」から「私の体の身体喪失の虞」や「私（思考と体）の死の虞」を想起する。この不安は他者にもたらされる虞と異質であり独特である。この不安は物にもたらされる虞と異質であり独特である。この不安は事柄にもたらされる虞と異質であり独特である。よって本項で分け取り扱う必要性があり記した。

［自の病気への純粋な虞］

病とは健全さが元来の状況より不足した状況である。自は在るのだから元来満ちている。「自に依る」「仮他に依る」の如何を問わず自が不足した状況の表現が病である。無論ここでいう不足とは健全の不足であり、これが痛みという現象とそれへの虞を表出したり、死という現象とそれへの虞を表出を生じたりする。健全が一部欠け病を表出し、さらに健全が全て欠け死を表出する。自分以外の他人の死という現象は見聞しているので、他人の死に伴う現象については情報が得られている。「二度と元に戻らない」「二度と会えない」「硬直や変色が生じる」「腐敗する」「火葬、土葬などに附される」等がいわゆる現実的な見分であり、「天国に行く」「仏になった」等はいわゆる空想的な伝聞である。よって病、痛、死は一般に不安をもたらすことが多くなって然りである。他人の死に伴う多様な負の変化を眼前にしたとき、それがいずれ自らに訪れる事柄であることを思い不安であったり恐怖を感じる。無論これら現象は傍観的な事柄であって、主観的なものでは全くない。よって想像に過ぎぬ悪い空想とは別種の状況が到来するかもしれないが、何分死を主観的に経験してなお生存している者は皆無であるので想像するしかなく、不安や恐怖はこれを悪い方向に誇張しやすい。自の病気は状況によるが、純粋に不安や恐怖等の虜への方向性を持たざるを得ない状況下となりやすい。

前記事項は、仮他に到来する事柄に起因する事物である。念のために仮他の確認をするが、単に言えば自、すなわち自分の思考以外を全て仮他と成している。よってそこら辺にある物、そこにいる生物、そこに居る自分以外の人々、そこで起こっている事、名詞で言うところの自分の身体というそれに生ずる視覚聴覚嗅覚味覚触覚などの感覚等、その他自ではない全てを総称して仮他としている。私は病の先にある死という知識を多様に持っているがこれらは全てかつて仮他に生じた死という現象を客観視して構成した知識の集積であって、何ら一つとして自ら体験したものではない。よって病の先にある死は自にとって完全に未知である。この様に完全に未知であり、仮他からもたらされる現象が負のイメージを多く持つために自は病に対しても不安や恐怖しか元来持ち様が無い。

「あなたは自のみと考えているのだから、自が死の時点で単に終わるのであれば、あなたが仮他とするモノも全て消え去るのだから、何も恐くは無いし、しがらみも無いでしょう。お幸せですね」とすることは的を射ていない。

本論では自以外は「仮他」と終始述べており、「自以外は虚無だ」と表したことは無い。仮他の存否は終始不明である。仮他は存在するかもしれず存在しないかもしれない、このどちらかであるか自は判別のしようがない。よって自は仮他の死も不可知であり、自の死も不可知であり不安を持たざるを得ない。更に病は現象としての死に加え苦や痛を伴うためときとして死を超える不安や恐怖をもたらすことすらある。

「自の病気を用いた不安の解消手段」

自は在るから元来安定であるが、立場を変更し「私」とするならば存在が不安定になることはあり得る。ここで言う「私」とは「自」と、「自に直結する感覚」と、「自に直結する感覚に直結するいわゆる私の身体」である。よってこの「私」という立場に拘泥する状況とは自と仮他の完全な区別をしていない状況をいう。「私」と「他者」の区別は容易でありここで述べる程度のことではない。自と仮他の区別は精密でなければ意図が完全に異なり、続く展開は無理解に等しい。領域設定としては単純に「私」を「自＋仮他である私の感覚＋仮他である私の身体」と置き換えればよいのみである。「私」の皮膚の内部を「私」としアプローチする程度の事柄である。立脚する位置づけを「私」に設定した状況下で、何らかの原因で「私の有り様」や「私の存在価値」を見失うなどし不安定になったとき、存否の不明な仮他すなわち「仮他である私の感覚＋仮他である私の身体」の領域に疑義を抱くのみで充足するところを、「自」の領域までも混同し疑義を抱くことはあり得る。元来充足した自であるところ、仮他から生じている疑義を転嫁し混迷する状況である。自が在ることは確固たるもので依拠できるが「私」は仮他を含むために熟考すると存否が不明であるため依拠するに足りるとは成り得ず不安定の解消に至れない事態はあり得る。

「私」は疑義を求められるところを仮他である私の感覚や私の身体に求めることができるが、「私」という立場に拘泥している以上、自も含めて混迷しやすい。更に自が安定化を追求し「仮他である感覚＋仮他である私の身体」を離分することを求めると「私」の中で「自」

が「感覚や身体」に対し違和を持ち始める。「私」の各部であるにもかかわらず感覚を疑ったり正確に判断できなかったり、「私」でありながら身体を疑ったり正確に判断できなかったりし得る。すなわち自の有り様を保護するために感覚や身体に異常を設定し病となす。一般的に言うところの病気であれば治癒を求めるのであるが、自の病気を用いた不安の解消手段の場合は自が安定化するために感覚や身体に病を設定することとなり、自が安定を望めば望むほど感覚や身体には病の設定を望むことになり回復に至りにくい。「(自が)自分のことを嫌っていて生じる症状」を呈する拒食、過食、不定愁訴の一部、解離性を含む症状の訴え等は本状況で解説できるものは多分にある。

［自の危険に対する不安］

死の不安をもたらす因は多様であるが3つに大別する。一つは死そのものが持つ因である。死の持つ不可知性、仮他の死の見聞による虞、仮他との離別の想起など多様である。一つは傷病が持つ因である。自分の傷病経験で凌いだ痛や苦の虞、仮他の傷病の見聞による虞、病の進行に対する虞など多様である。一つは危険が持つ因である。死は常に不安や恐怖を招く能を持ち変容しがたい。病は強度によるが死に接続するため常に不安を招く能を持ち変容しない。事物は平時に安全であっても突如危険となる変容能を持つ。完全に安全な事物は無く「私」を取り巻く全ての事物は危険物に変容する能を常に持ち、自に不安を生じる性質を内在する。全ての仮他が持つ危険への変容能に対する不安は平時には感じないが、自の状況によってはそうとも限らない。ある時点に「私」が何らかの影響で違和や不安を持ったとき、様々な環境に過敏になることがあり、平時に気に掛けない事物にまで危険を想起したり不安を想起したりすることがある。

想起は自内の自由な思考であり、仮他の様相の変化・不変化に関係はない。この思考の変容は独自に在り、「私」に独自で在り、同様に各「ワタシ」に独自であり、よって互いの共通感覚となる類では当然無い。「ワタシ」が影響を受けたと感じた違和や不安の捉え様によっては、本人すら違和や不安の因がわからないことがある。事例にもよるが自の危険に対する不安はこの様に「重大些細に関わらずその時点で「ワタシ」が何らかの事物に違和や不安を持ったとき」を契機にして、この後に「平時に安全であった事物が変容し大いなる危険を想起する」ことがある。表層に出ている「平時に安全であった事物が変容し大いなる危険を想起する」因のみに応対者が着目してしまい、契機となっている違和や不安といった素因に配慮が及びにくい。不安症等における「不安」という語句が対話であった回想中に出現した折は、「不安症だから、原因がわからなくてもそれは仕方がない」と調査を放棄せずに、構造が複層化し更に表層がより低層を被覆する蓋然性への考慮が要る。

［弱い不安定］

自は元来在る。当初に在るのは自のみである。仮他は自から派生するので当初には無い。不安定とは安定が欠けた状態であり、一方の安定している状況と、他方の安定していない状況の対比より生じる。当初在るのは自のみであり仮他は自より二次的に派生する。自のみは比する状況すら無く元来満ちており、不足は仮他の派生後に二次的に生じる。自が自の持つ要素よりも仮他の持つ同類の要素を過量にあると想定することは自然にある。自は終始あり自のみであれば比較は無く平時であるが、仮他を想起した時点で比較は可能となり、事柄や状況に応じて両者を比較することが起こり得る。自は元来主で仮他は従であり完全に異種であるが比較が可能とした時点より自と仮他は共通性のある局限部分が想定され、一時的でかつ局限的であるとはいえ同一性を持った。自と仮他が同一の俎上に上がらざるを得ず計量されるという奇妙な状況下になる。ここは既に事物が相対性を持ち自の絶対性が崩れている。殆どは自が優で仮他は劣であるが、自が完全に優で仮他が完全に劣の保証は何もな無く反転することはあり得る。

欠けていると設定しがちな事物は多様であるが次の分類ができる。ひとつは欲する物体が不足している状態に対し生じる不安定である。ひとつは不足している状態に対し欲する状況が生じる不安定である。ここで言うところの「物体」とは物体として存在するものであれば何でも対象となり得る。この「不足」が多少の明らかな「富」の計量ではなく、自が想定する「価値」の計量である場合は他者がこの計量を慮ることは不能である。独自の価値観念により計量に属し他者の計量には完全に属しない。

不足すなわち餓えの物質的な量は計量できるが餓え自身は自内の事柄であり対照した

り定量される対象ではない。自の状況に応じて随時変化する。よって富として低能力であっても餓えることは有り得、富として高能力であっても餓えることがある。すなわち餓えの設定は富の設定ではなく富の価値の設定と計量である。不安定又は不安定の元の餓えの質や度合いは、類似の餓えであってもその時点での自の状況毎により、また自のその時点における臨機の状況毎により変化する事柄で、仮他である他者が質や度合いを設定する主と成りえない。強い不安定は死の想起等によりもたらされる。弱い不安定は多様な事物が起因となりえる。死は言語としては強い刺激を持つが無論一様の不安定を起こすのではなく多様な不安定を起こす。いわゆる心的な関係性や距離的な関係性や現在との時間差的な関係性等が作用し多様となる。その他の要因においても「死」に限らず「餓え」による不安定の強度であってもその時点の自の状況によって成るのでありそこに計画性はない。

不安定は事物の餓えからもたらされる。事物の内の「事」すなわち事柄は死や破壊等の不帰の想起であったり、他者から自分にもたらされる愛憎等の想起であったり、孤立の想起であったり、計量時点の限局された要因の餓えであったり、何事にでも自のその時点の状況に応じて起因と成りえる。事物の内の「物」の不足に対しても想起される。

［不安定とシュウキョウ］

本論における「シュウキョウ」や「カミ」は仮他の存否を存とした場合において、これ等の間にある風習や文化内で論じられている事物であり自内の事物では全くない。更にこれらに準じない「何某」はここで扱うところの「シュウキョウ」や「カミ」とは全く異なり扱う必要性は気すら無い。また「カミ」は有形無形を問わず範囲は個人集団を問わない。

不安定は種々あるが自が仮他を設定し生じるので自の思考である。在る自が不安定なっている事実があるがため「自を完全な存在としているのなら、なぜ不安定があるのか」との問いには意味がない。自は仮他の存否に関わらずあり、仮他の存否に関わらず自由に変遷するから自は安定も不安定も来たす。「在る」ことと「安定・不安定」は独立している。

本状況は自が仮他を設定し、その仮他と自の有り様を自ら比し、仮他の有り様により不安を生じているのだから排斥の流れである。「自が仮他の特定の観点から孤立している」ともいえる。孤立は不安定を招くことがある。自は元来孤である。不安定が昂じ、何かに縋るとき、その何かに要請される特性は何か。一つは自を支える特性である。一つは不安定を解消できる能力を持つ特性である。一つは自の不安が生じるタイミングと救済に現れるタイミングが同時である特性である。この様に都合の良い特性を持つ存在は多々あるが、引用しやすいものの一つに「カミ」がある。無論仮他である。

「カミ」に限ったことではないが「縋る」対象として自が想定したので自の望む特性をそこに予め付与しておけば「万能性」に事足りる。状況にそぐう特性を自が設定し、自が想定したものにそれを持たせ、「事足りる」と認めれば完全な理想像がそこに作成できる。そう自が認めれば良いので自在で自由である。素晴らしきいわゆる「カミ性」は、自が素晴らしき事物を必要に応じて考え出し付与すればできる。「ワタシ」または「ワタシの所属する集団」のオーダーメイドである。当然であり言うまでもないが、念のために私はこれらの存否を否定もできないし肯定もできない。仮他の存否は不明でありそれ以外の何事でもなく何物でもない。

よってカミやそのドグマを想定し認知したジは、ジの不安定の解消に比類なく能力を発揮することがある。カミやシュウキョウが不安定を解消することがあり得るとするが、実際はジが仮他を想定し、それに不安定解消を分業しているのみである。

カミという絶対的救済の可能性や絶対的救済を実現するための全てを支配する絶対的な能力、すなわち絶対的な権力の保持性を作り持たせ、その権威の元にあるワタシを選民したとする設定に優位という設定を持たせジ又は状況によってはジ他の安定を謀る。この「ジ」自身が行っている権威の付与と選民的保護の相互利益の循環は堂々巡りを繰り返す度、トレンドが強化する。

「シュウキョウの様な事柄の扱い」

特定の集団内、すなわち仮他の集団内で論じられる事柄については仮他の存否自身が不明なので、それより派生する事柄の存否は当然ながら不明である。仮他の集団内で論じられる事柄の全ては「存否の不明な其処」から伝授されている。

当初の「私」に風習や文化や道徳等を伝授する「キョウイク」という伝授は無論ない。よって「シュウキョウやカミ」という概念自身が無く後に伝聞した。自でない事柄は不明である。シュウキョウはこの事柄の一つである。よってシュウキョウは本論で扱う事柄に属さない。肯定否定の事柄に属さない。蔑ろにする気も何も無い。これ等と何らかの思考が接続された経験は全く無いので致し方無いだけのことである。風習や文化等の内でシュウキョウや付帯物が論じられることは本論外の事柄である。自が主であり仮他は従であることにそぐわない。仮他である集団内より伝授される事柄はこの他にも多数ある。逐一述べる必要は無く次に挙げることに類似した事柄は対象である。まずもって述べるが信仰は自内でもできる。シュウキョウとは異なるので扱いを分けた。信仰とシュウキョウを分けた事由は、自内か仮他かの観点のみであり優遇と薄遇の比較とは何らの関係性すらない。「カミ等」は信仰に属する事物かシュウキョウに属するかによって性質が異なる。信仰に生じる事物であればマスコットであっても自内である。シュウキョウにより伝達される事物であればカミであっても自外である。「権威」は伝授である。自のみで権威は意味を成さない。「権力」は述べるまでもない伝授である。自のみで権力は意味を成さない。「貴賤」は伝授である。自のみでは貴賤は意味を成さないし、元来比較であるので自で扱う事物ですらない。これら以外の似たものは先述の何れかを読みかえれば事足りる。

「カミの設定理由」

一般的にシュウキョウの様な事柄への要請に何があげられるか。本項では仮他が在るとして述べる。人は生活や思考の価値根拠、道徳根拠、判断根拠、罪根拠、罰根拠、その他多様な根拠としてカミやシュウキョウを設定することがある。これらの根拠を満たすため「自然等が醸し出す崇敬への関連付けの期待」「自然等が醸し出す畏怖への関連付けの期待」「道徳の意味付けの期待」「常識の意味付けの期待」「風習の意味付けの期待」「文化の意味付けの期待」「集団集約の意味付けの期待」「権威の裏付けの期待」「恐怖の緩和または強化の期待」等が必要に応じて請われ提案され設定される。

自然への崇敬とは「与え、呉れるもの」への感謝である。食物を代表とする自然から得られる物は自動で其処に有る。有るから受ける事が可能になる。人物Aが人物Bに何かを与えたとき、BはAに謝恩を感じる。そこで感謝の行為等をする。ところが、自然から与えられた物への謝恩においては感謝する対象が見えにくい。そこで対象不明であるが感謝を受ける見えない何かに謝恩する対象を要請した。これがカミ等の設置動機の一つである。

反論無き様に先だっていう。無論、ジは自由であり「自然は呉れたのではなく有ったのだから素直にもらうだけでよいではないか。謝恩対象が見えないのであれば、無理に感謝する必要性を感じられない」と為すことも為さぬこともあろう。

先述の感謝は片利共生の欲望ではなく、相利共生の相互関係の理想である。人物Aが人物Bに何かを与えたときの対価としてAが期待する感謝は、人物Bから人物Aに与えられる何かである。A→Bの富の移動があったときには、B→Aのほぼ等価の富の移動が期待される。よって、人の相手が自然であったとしても、この互いの富の流れを総じて準じ、自然に対して感謝を還元することを内心要請する。これは、根強くある「供え」の常識や風習や文化に見られる。野や山や川や岩や海洋等のいわゆる自然に対して供える儀式は言わずもがな多い。礼や感謝という無形の行動だけで済まず、供え物という対価物を供える心動はこれを如実に示す。この等価の富の相互移動の期待は、日常的に自然から与えられ続ける多くの富の対価として、動物の生命であったりときには人の生命をも供え物とする常識や風習や文化すらある。人間の行動を評価するときには、強い心動を伴っている文化行動を見ることによって詳細や深層に流れているものを表面化できることがある。自然を自然という物としてのみとらえていれば、人は「貰う」だけでよい。しかし、今後も富の相互移動が停滞することのないことを望み、自然を擬人化し富の遣り取りを期待している。

自然等への畏怖についても同様に自然の擬人化で応答の円滑を図ることがある。畏怖とは虞も含む。自然災害等の災いをもたらした現象が見える事柄も、病による死の様に災いをもたらした現象が見えにくい事柄についても人を虞をなす。この場合も自然を物としてのみとらえていれば、抵抗する対象を見つけられず人は虞を受け入れるのみとならざるを得ない。しかしこの考え方は「受け入れる」のであるから、次回の虞をも受け入れることになる。そこで自然を擬人化し、それに対し「もうこの様な災害は止めてください」と願ったり、「私たちに非がありました。私たちは良き人になりますので、対価として災いを止めてください」と相互取引を願いうる擬人称があることを熱望する。神話や民話などに、自然災害が生じたときに人間は無形の自然やカミに対し「人が罪を犯した」と悪の行いを仮定し、人は此の悪をしないので、自然も其の災をしないで欲しいと相互に禁忌の契約を行うことがある。この仮想悪の放棄の対価として、災の停止を希望する行動は擬人化されたカミに対しても贖罪という形式で行われている。契約の際に「ワタシは・・・をしました」と罪を告白という形で前置きし、贖罪という形で今後の罪行の放棄を提案し、カミにそれに見合う罰の放棄を対価として希望している。多くの人は一つや二つ多少なりとも罪に感じる経歴を持つので、これを贖罪すれば済むが、自らを誠実な人すなわち罪の経歴を持たない正しき人と設定する場合は、何を持って贖罪すればカミが罰を放棄するに見合うものを供えることができるのか提示できないジレンマを生じ、それが誰にでも供えることができる共通罪（原罪）を設定することもある。

［道徳の根拠に用いるカミ］

道徳の根拠に用いる「カミ」について述べる。道徳とは万人に良きことと限らない。また、いつの時代においても共有される良きことと限らない。道徳とはその時点の、その社会に所属する構成者にのみ通じる社会通念である。戦争状態の国家集団においては、自死や殺人をもヨキ事柄となることを考えれば珍奇でないとわかる。また平和状態であっても所属集団の発展のためには他集団に害を及ぼす事柄でもヨキ事柄にも成り得るので、戦争状態という極端な状況のみが良悪を変質させているといえない。むしろ常習的である。よって前記の「その時点の、その社会に所属する構成者にのみ通じる社会通念」とする。したがって、ある集団の道徳を他集団が偏執的に評価し別形式に強要する行為は通用しない。

集団内に常習的であり成立しているはずの道徳になぜ根拠が要請されるのか。広範囲に通用すると思われる良きことに根拠は要請されない。より多数の構成員によってより洗練されていると信じるからである。例えば「人に優しくすることは良い」という道徳には根拠はいらない。「貧しい人に分けることは良い」という道徳にも根拠はいらない。これらは相互取引可能な事柄で、相互取引が望まれるから根拠などの解説を要請しない。では「祖国のために敵を殺せ」という道徳や「布教のために異教徒を殺せ」という道徳はどうか。平時聞くと、その考え方は間違いと思うが、戦争では正義に豹変する。殺という一見良と悪の区別が容易と思われる事柄さえ評価が対極となる状況は多々ある。人の思考は流動性を持つので一時的に狭範囲の集団の道徳に準ずる場合もあるが、より広範囲の集団の道徳に目覚めるときもある。殺すことを肯定する思考と殺すことを否定する思考が同時に現れ、さらに殺すことを目指す方針に遭ったとき、人はその行為を個人的に局限的に否定しつつ行動をしなければならない。無論矛盾感を突破し強行するために根拠を希求する。その根拠は矛盾を覆い隠すほど強大な何某かでなければならない。カミも活用できる。カミを「全知全能」と設置するのである。すべての行為の裏打ちをカミは完全な形で保証する。全知全能の超広域な視点から及ぼす高度な行為を、ヒトの如き狭域の視点しか持たないモノの良悪観念が量ることはならぬとすれば全て解決できる利便性を持つ。

［常識や風習や文化の根拠に用いるカミ］

常識や風習や文化の根拠に用いるカミついて述べる。道徳はクニの様な範囲の集団で統一認識された事柄である。これに対し常識や風習は道徳に比べ適応される集団の範囲が狭い。常識は幾許かの人の集まりでも認められ、風習はムラの様な集団内でのみ認められ、近隣のムラにその常識や風習が全く見られないこともある。常識や風習は道徳を踏襲されやすいが、同一であることは要請されない。常識や風習は道徳以上に「ヨキことアシキこと」に関連付けられていない。たとえクニ内で従来「良い事と断言できない」と認知されていても慣行される常識や風習がある。小集団内での認知であるから、多数により吟味されておらず洗練されていない。小集団内の威圧的な個人または少数の構成者により一方的に強圧された事柄や、ある事柄が偶然うまくできたので、根拠無くそれを繰り返すことを他の構成者に推薦している事柄もある。いずれにしても根拠が曖昧な事柄が常識化や風習化する。根拠が曖昧な事柄を構成者に強圧するには、何らかの無批判を促す力の集約が必要となる。よって土着のカミに依存する。コウイキシン（広域におよぶカミ）は経典が成立しているので、小集団が教義を改定または無視すると異教徒となされるがドチャクシン（狭域におよぶカミ）は経典や教義がより希薄なので容易に教義の変更やその時点の強者により追加や削除設定が簡便で易い。

［集団集約の根拠に用いるカミ］

集団集約の根拠に用いるカミについて述べる。集団を形成する理由には次の事柄があげられる。ひとつは、所属集団内に予てから伝わる富を他集団に流出しない方策である。ひとつは、個人の富や知識や力は少ないが複数集め、総和を増し基盤とし共有循環させる方策である。烏合の衆を纏める為には力を用いる暴力的な方策が一般的だが、纏める者が必ずしも絶大な筋力腕力等物理的力を持つと限らない。非力者かつ貧者かつその他の富能力を何ら保持しない個人が集団集約のため多用するのが「いつどの様な場面で力を発揮するかよくわからないが、不明な量の力を持つもの」すなわちカミ等である。弁さえ立てば活用は自由であり容易であるから多用される。集団の構成者数が少ない時点は、母集団から迫害を受け易いため、ブーム化できれば短期に構成者（個人の場合も集団の場合もある）が増加し強大になりうる。カミを用いた集団集約は信心を活用し強要を否定する為、構成者が少ない初期にはファミリー的だが、人数の増加に伴い社会化等の構造化が自ずと進む。構造化が進むと創始者は集団構成者個人と疎遠になり見えにくくなる。見えにくいとは換言すれば一般構成者と別格を自動的に誇示する事になる。階層構造が創始者の神格化を促進し強固となる。ただし創始者は下階級者により権力侵害の恐れがあるため、教祖は自らを最高位とせず、実体が無く侵さざれる存在「カミ」を最高位に設定し教義の中心とし、教祖を次席とし「カミ」の権威を保護する旗のもと集団内において正当化し安定期に入る。

「権威の裏付けに用いるカミ」

権威の裏付けに用いるカミにつき述べる。権威という価値は知識等の一次的な価値に対し、その知識の価値を認める他人が想起する二次発生的な価値である。よって、権威は自動的に発生するものであり、権力を得ようとしたり権力を笠に着る行動と同じ様に、権威を得ようとしたり権威を笠に着るという必要は本来無い。にもかかわらず「権威を裏付ける」すなわち実力以上の権威を持とうとする為や、実はありもしない知識を持っていると吹聴し得た空虚な権威を保持し続けようとする為に、何らかを盛って弱体な権威を裏付け様とする行為が行われる事がある。平易には裏付けを行わなければ成らない権威とは元々知識等の能力の欠けた様態である。しかし欠けた者でも権威を羨望する為とならば虚だが飾らなければ致し方ない。では何を盛って張り子の裏付けをするか。当然ながら後付けであれ努力により知識を積み上げ内部を充実させるのが正当であるが、その能力や知力が無いために盛りたい。内部より外部に溢れ出でる知識は見え隠れしても素晴らしいが、張り子の手抜かりの隙間から内部の空洞が見えるのは見苦しい。欠けた者が自己の内部を空洞のまま無い権威を張るには「見えないが有る」と謂えばよい。この「謂う」は至って便利なモノである。「無いではないか」と問われれば「空気の様に見えぬが大切でかつ有る」と謂い「あなたが無知故存在を疑っているのみである」と返せば反論を美しく封じられる。全てのカミを権威の裏付けとはいう気は無い。元より裏付けにしているかしていないかは、それを用いている本人にしかわからない。尤も権威の裏付けにカミを用いれば常に安全なのかといえばそうでもない。空気は見えぬが息にも使える燃えるに使える反応もする。空気は実効がある。では真空は如何か。真空は同じく見えぬが息にも使えず燃えるに使えず反応もしない。真空はまあ実効が無い。集団が実効の無いモノに依拠したり頼ったり依拠を強要されたり頼れと強要されたりする自らの在り様はさて如何なものか。況や構成員をや。「カミを事有る毎に多用」「考えずに従えと申す態度」等、根拠の希薄なカミの私的利用は如何なものか、継続性の有無は如何なものか。無論、強要されるのでなく自ら「見えないが有る」モノを設定し依存する依拠を否定等する意図は無い。それは実質頼れる対象が無いときでも自ら頼れるものを設定し縋る代償行為であり、生きるに重要な支えである。別格である。

［恐怖の緩和に用いるカミ］

恐怖の緩和に用いるカミがある。恐れは次の二つの形態の何れかにあたる。

一つは自の消滅に対する思考である。先述自は在る。これは確かである。自は在ると思考している自は、此の自である。あの自でもなく、其の自でもない。此の自は、あの自や其の自とは多様な存在位置が違う。あの自と其の自については考えていない。あの自と其の自は仮他であり存否が不明なので此の自との相対的な連関は此の自の視点からは無い。ただしあの自または其の自を基にする、此の自に対して相対的な連関の有無は不明である。

同様に自は在ると思考している自は、此の時の自である。あの時の自でもなく其の時の自でもない。此の時の自は、あの時の自と相対的な時間が違う。あの時の自とも相対的な時間が違う。あの時の自と其の時の自については考えていない。当然其の時の自と其の時の自は仮他であるから存否が不明である。故に此の時の自との時間の相対的な連関はあると限定するものでなく同様に無いと限定するものでもなく明確に不明である。平易である。

恐怖とは此の自が今想起している自の消滅という事柄に対する虞である。平易に言うと、これを記述しているときであれば「此の時点の此の思考である自」と「此の思考以外の全ての自」は互いに相違なので別とすれば、前者は自で、後者は仮他となり、此の思考「自」と此れ以外の思考「仮他」が別離することに対する虞である。また時間的に想起するならば、此の時の自が未来において死に、時点の自がその他すなわち時点の仮他と別離することに対する虞である。

一つは仮他の消滅に対する思考である。前記と文脈が似ているが、自は在るが他者は存否が不明なので元来異なるのでもう一度述べる。仮他が消滅する様相とは野卑短絡平易に言えば他人が死ぬという様相である。仮他が死ぬときその死を被るのは仮他自身であり自ではない。よって一般的な他人の消滅に際して自は恐怖を感じる必要性はないが、間接的に自の死を想起し恐怖を感じることがあり得る。また死は何れにせよ自と他を離別するので虞をもたらす。仮他であり存否が不明としても、仮他の人格設定が詳細である程リアルとなり虞は強い。無関係または遠地等で連関が希薄であるとした仮他の人格設定は詳細でないためリアルとならず虞は弱い。自が期待する恐怖の緩和は強い恐怖の場合に限るので、自の消滅にかかわる恐怖と、人格を詳細に設定してある仮他の消滅にかかわる恐怖が対象になる。他人の消滅すなわち死は経験することはあり得る。しかし自の死は経験したことはない。予期できず最強の恐怖であるから縋るものを要することがある。このとき縋るものは、自が滅するときに要請するので自の滅に関わらないものを選ぶ。自が自に縋ることは死の際はできない。よって仮他に縋る。平時の不安定の際に縋れる対象は母親・父親・その他直系尊属・配偶者・金銭等多数が考えられる。では死の際に縋れるものは何か。母親・父親・直系尊属・配偶者は同じような人間である以上、自が加齢するように彼らも加齢するので永続的に縋ることはできない。金銭などの物質に本気で縋ることに大した意味はない。金銭等の富は仮他なので自の死の虞の解決に何ら意味を持たない。

自が滅するまでの時間の継続性を持つとでき、いつでも自の傍に有るとでき、自を裏切らないとでき、これらの自が欲する全ての性質を押し付けても何ら抵抗せず受容してくれるとできるものはここでもやはりカミと設定すると平易である。カミの特性として見えない・触れない・聞こえないことは存在感を無くすので、「私」は一方的に「カミはここにある」と仮定、願わくは設定する根拠として望ましい。

様々な仮他にはそれぞれ個別の人格や個別の性質があり、または自により設定してある。

仮他は存否が不明なので、自と仮他の関係は仮他が在るときには自と仮他は自が優先するが対等とする局限もある。また仮他の存否が否であったときには自は仮他に優位である。このいずれかがあり、これ以外は無い。存否不明なものが存在の優位に立つことはない。これはいわゆる冒涜等の事柄ではない。空想によらず、在るものを有ると認め無いものを存否不明として判断するのみである。よってカミを無批判的に在るとしたり、何らの根拠とすることもできないのでしない。

［自が自を優先していない状況］

先述のとおり自は在るので優先される。自は存否不明な仮他に比して優先または対等となる。よって平時に自は優先されると予想できる。自らを攻撃する行為として自傷や自死という事柄があるが、これは「ワタシ」が「ワタシ」を攻撃する行為でありジがジを攻撃する状況ではおそらくない。攻撃の素因となる不安は既に仮他であるか又は仮他から派生している。混乱が強く自を必要以上に強く省みることはあっても、素因でない事柄の攻撃に意味がない。自が不安定になる要因は仮他との連関で生じる。仮他が及ぼす事柄が強かれ弱かれ、仮他そのものが自によって設定された事柄または他人の自が設定した事柄であるから、自は仮他に関わる全ての事柄に比し自に関わる全ての事柄を優先する。仮他の存否が否の場合は自のみであり優先すらない。仮他の存否が存の場合に仮他が優先となる事柄が存在する要請は無い。何故なら仮他の存否が存としても、「私」に私の自が在る様に、「ワタシ」に「ワタシ」の「ジ」が有るだけであり、「自」に「ジ」が優先される理由は何ら無い。「私」の自であるAと「仮他」のジであるBが互いに在ったとてAは私を随えて付けており、一方Bはワタシを随えて付けている。よってAは私を優先し、「ジ」は「ワタシ」を優先することは至極当然である。よって仮他の影響によって生じる不安定は、本来自に自傷や自死を及ぼす程の重要性など無い。しかし「自」の在る事や「仮他」の存否が不明なことを思考に入れなければ混迷を来し、正当な自の事柄よりも、正当または不当な仮他の事柄が優先されることは生じうる。「ワタシ」の何等かを認める務めの「ジ」が、他者の何等かを「ワタシ」に優先して認めれば、「ワタシ」を保護するものが弱退または欠如するため尊厳を保てず「ワタシ」を放棄する状況下をもたらすことはあり得る。

［ナルシシズムの空虚］

自の優先とナルシシズムとは全く別思考である。ナルシシズムは「ワタシ」の所持する事物に対し自ら想定した量を、仮他のそれに比して過剰に感じ恍惚する状況である。自と仮他を比較する時点でナルシシズムは自己と他者を同列で考えている。すなわち存否が不明な仮他となさず既に存と限定している。この有り様で自分が他人よりも優れていると状況を見做している。この存否の混乱した確認状況の中では自分が実状より尊大と評価したり、逆に何らかの刺激により自分を実状より卑下する不安定を生む。尊大と卑下は逆と思えるが、状況の把握が過敏な傾向により単に波の増幅率のみが累加した状況なので陽にも昂じ易く、陰にも昂じ易いため不安定なだけで反転はより易い性状を帯びる。よって自尊の状況では他人を攻撃的なまでに下等に捉えたり、他人の状況を否定したりする。また自嘲する状況では自分を攻撃的なまでに下等に捉えたり、自の状況を否定したりする。

ナルシシズムは自分より下等な人間が目前に出現したときに自尊傾向が強化されるのではなく、下等に設定できる他人が目前に出現したとき自尊傾向が強化される。しかしその下等に設定した人は、目前に常に居ると限らないので、それが見えなければ自尊傾向が高い状況のままで自らが放置される。振り上げた手の降ろし所が無く独特の混乱状況を示す。自らが下等と設定を為したその特定の人間を卑下し攻撃する予定が、混乱の為に設定と無関係の人（ときとして複数の場合もあり得る）を攻撃対象とする状況等に表現される。しかしその複数の対象は元来、卑下し攻撃するも卑下の対象ではないので、降ろした手は無謀か空振りを繰り返す。自は在り仮他の存否は不明であることから思考すれば、そもそも自は仮他に比して優位または対等であり、仮他は自を超えないが上記傾向では自他に激昂しやすい。すなわち自の優先とナルシシズムは本質的に似ることとすらなく異である。空虚が残存する特異性で分類もできる。

［自が自を優先しない状況の空虚］

自や仮他を思考に入れずとも基本的には自を優先するのは無論である。誰彼無関係な他人のことを常に優先し自分の命をも提供することは無い事柄を思考すれば至って平易である。人は自らを優先するが他人を完全に無関係とし孤高に徹しきりにくい。他人の影響を受けて自分が大きく不安定になる状況はある。自が自を優先しない状況（表現型）は自死、自傷、拒食など多様にある。当然これら混乱には原因がある。生じた結果が多様な様に原因も多様である。詳細は個々の事案で異なるが「私を取り巻く事柄から逃げるために去りたい」思考で共通する。ナルシシズムは仮他への過敏な傾向から生じた。自死等は自分とそれ以外の事物の比較を苛烈に行い、自分を攻撃する思考からもたらされる。ここでいう「それ以外」には、他人の行為、所属する事物の欠損がある。他人の行為により自分の居場所が欠損してしまう不安、疾病によって身体全体または部分が欠損してしまう不安、愛するものが離れる不安や欠損する不安等がある。

では純粋な自己否定はあるのか。「私には生きる価値が無い」という文言を設定できそうだが、この文言の背景には、自分より優れていると設定した誰かが居り、それに比して自分の価値が劣るとしている。よって純粋な自己否定とし難い。疾病による苦痛からの死が設定できそうだが、痛みなどの感覚は思考ではないので仮他である。よって純粋な自による自己否定とし難い。「私という人間はダメな人間だ」という文言はであっても過去の自分とその時点の自分の自己像又は種々の環境を比してその時点の自分のそれを下位と評価している。よって純粋な自己否定とし難い。純粋な自己否定が存在し難い理由は、自が在り、仮他の存否は不明であることから起こる。自以外は仮他なので、自と仮他の位置関係は在と在、または在と無である。いずれにせよ自は既に在り無ではない。自が自を想定するとき「まず（始めに）無」ではなく「まず（始めに）在る」である。自分の何かの要素を設定するときに不完全から想定はできない。設定したときに出来ており、それが変化し増加したり減少したりする。よって、現状の欠けは、欠けていくのであって、欠けていたのではない。よって自を否定する様相を持つ欠けは当初に無い。経過とは仮他との関係の経過である。他者を仮他と捉えているならば、自を劣等にみたり、他者を優位にみることはない。他者の価値は仮他の存否と同様に、一般ならば最高で自と等価値である。さらに「私」は自に随って付いているので、自から見ると「私」は他者の上位に先行して在る。よって自が自を優先しない状況は、自分が混乱している状況である。自分と他人が両方在ることには何ら問題は無いが、自が他人（仮他）に圧倒されると想定した状況下（存否の確実性を考慮できなかった状況下）においては不安定を生じることはある。

［自が自を優先しない状況の解決］

「自が自を優先しない状況」を「自が他を優先する状況」と曲解し、更に「自分を犠牲にして他人の為に努める」と勘違いの美談としない。「ワタシが他人を優先する状況」を理解し、更に「自分を犠牲にして他人の為に努める」を美談とするのは至って構わない。それは本論で扱う以外の事柄である。

自が自を優先しないとは、自は在り仮他の存否は不明であることを考慮できない状況下の時点において混迷したときに生じることがあり得る。自によって想定されている「私」の事柄は自が行う。仮他は「私」の事柄を行わない。なぜなら仮他の存否が否のときには、存在しないものが自に、自を優先しない程の影響を与えるとすることは元来意味すらない。仮他の存否が在るときには他者も在るが、私は自に属しており他者に属しているのではない。よって他者があったとしても、私には自が優先する。仮他の存否の如何に関わらず、自は自を優先する。

平静であれば自は自を優先することを当然わかりおこなっている。平静でなく自が自を優先しない状況では、自全体が少なくとも私を主導する自の部分について十分な機能を為していないと認識している。主導するはずの自が部分的とはいえ弱体し万全に機能しておらず、よって主導されるはずの仮他が強進している状況は改善が困難と誤解されやすい。

「改善が困難に感じられる」と思うことは元より誤りである。自は他者に比類なく主導である。「私」が想定した全ては自に属する。仮他への帰属に比して自への帰属は優先する。自が正当であれば、仮他の妨げに根拠がないので自が主導して良い。仮他は自に優先しない。正当な自は仮他を更生する事に違和など持つ必要はない。

[仮他による、自は在ることへの曲解]

「仮他の存否は不明」のみを新たな不安とすることは無意味である。「自は在る」に異論は生じないが仮他の影響により自が在ることに疑義が生じる事柄はあり得る。

一例は「仮他の存否は不明」という観点を捉えきらない把握から来る。「仮他の存否は不明」のみでは十分とならず「自は在る・仮他の存否は不明」を兼ねて本論を満たす。自は

[自は在ることへの曲解]

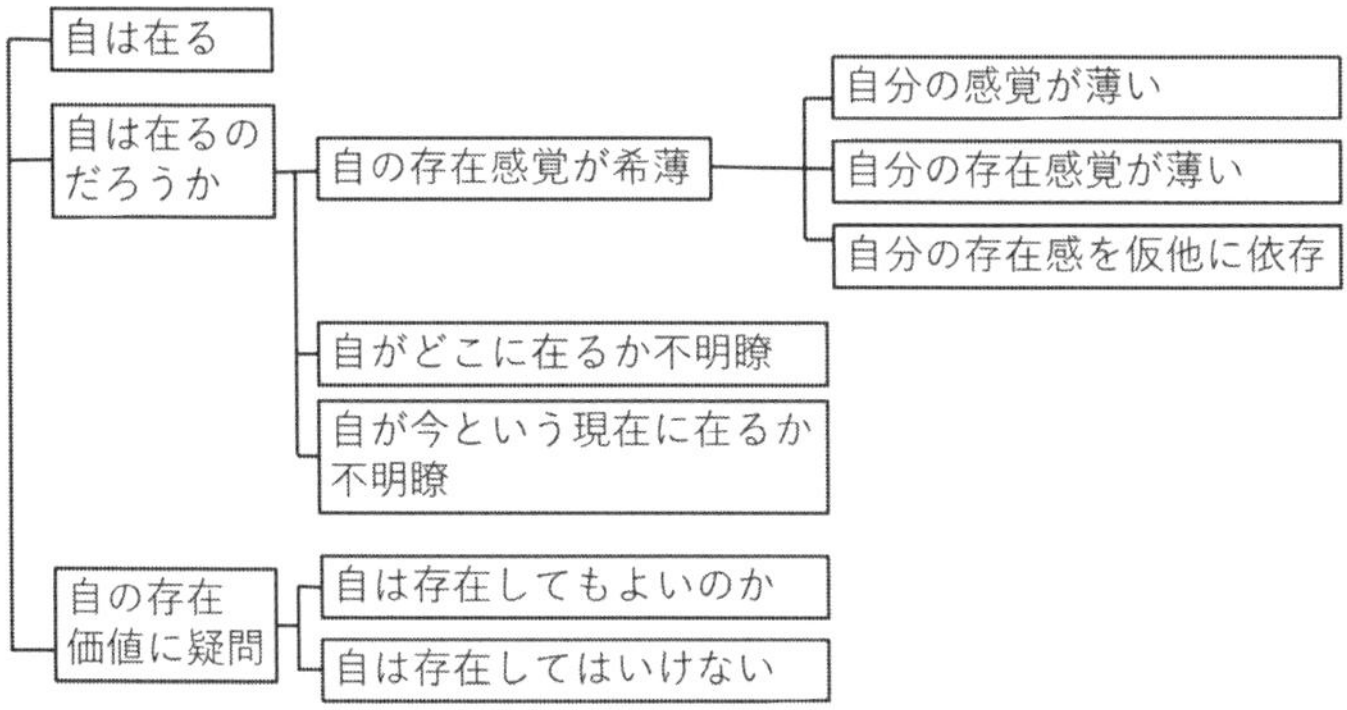

在るが前提である。これを欠くと思考する自が不明であるから論議にならない。

一例は「仮他の存否は不明」を「では、あなたの自論を聞いている私は居るのか居ないのかどちらか？」という問いに及ぶ。

元より仮他の存否は不明としており、在るとも断定しておらず無いとも断定していないしできない。より過剰とする立場でもなく不足とする立場でも全く無い。一例は「『自は在る。仮他の存否は不明』とは、自分（論者）を特別視しているのか」との問いであるが、問うた方が自分を認識していることと同程度である。

これらの疑義でなく「仮他の存否は不明」の部分にまでは元来認識があり、それにより根深い不安定を感じる例がある。２つの部分からなる「自は在る。仮他の存否は不明」の前半「自は在る」は思考している自が明らかにあると認知できそうだが、「自は本当に在るのだろうか」と不安視する思考はあり得る。自の存在感覚が希薄と評されることがある。この希薄とは自の「在ること」の存在感が希薄な事例と、自の「在る場所や位置」の存在感が不明瞭な事例と、自が「在る時間や時間帯」の存在感が不明瞭な事例等とかく多様にある。「自が在ること」の存在感が希薄な事例はさらに、自分感覚が薄いものと、自分の存在価値が薄いものと、自の存在感を仮他による判断に委ねてしまい、その受動評価によって自分の価値を決定してもらうため自分の価値が自のみの場合の様に一定しない事例など多様である。

大別するが、状況は多様であってこの分類に属さないもの、またコンプレックスとしてある事柄もあり得るので拘泥せずともよい。

以下に各様相について述べる。

［自は在るのだろうかという不明瞭さ］

平時ほぼ、自は在るという事実の認識は難しい事ではなく明快にわかる。今この事柄について考えているのが自である。正に今現在の時点に「居る」。自は仮他との関係の有無に拘らず在る。全ては自と余事象の仮他からなり、仮他との関係の有無に拘らずに自が在るのだから、自の存在やその価値等を相対せず比類せず思考すればよいが、状況により自が不明瞭になることがある。仮他の存否が不明なことと同様に自にも存否を問い、それについての自なりの意見が「自の存否は不明」と混乱すると不明瞭さから不安が生じうる。不明瞭さの原因に「自分の感覚が薄い」「自分の存在感覚が薄い」「自分の存在感を仮他に依存する」等が散見する。

今現在のみについて自分のみについて生じている事柄に対して持つ感覚の強弱の差や、感覚の有り様や、重要性感覚の大小の差や、重要性感覚の有り様や、事柄の新旧の差や、事柄の新旧の差の感覚の有り様や、事物の区別の対比の差や、事物の区別の感覚の有り様や、その他いわゆる自においての自独自の価値や、派生する富に対する感覚の有り様が十分に感覚できない不明瞭が「自は在るのだろうかという不明瞭さ」の端緒となる。

この思考の根本は、自が在ることを認識していない例、感覚を曖昧な現象と捉え疑念を持つ例、自以外のすべてを無視することにより安全な自に籠る例、衝撃の強かったリアルな記憶と惰性で流れるリアルではない現実が混濁した例など多様で独自にある。

［自の存在感覚が希薄な様相］

自がある事は自明であるが、仮他の影響の如何によっては自明といえど揺らぐ。ここでいう存在感覚とは自が在る事の自覚である。自が在る事は元来自明だが多様な不安により揺らぐ事があり得る。状況により、また各不安により多様だが「自分の感覚が薄い」「自分の存在感覚が薄い」「自分の存在感を仮他に依存している」状況下で浮揚しやすい。

「自分の感覚が薄い」の感覚は主に五感であるが対人的な相互の「察し」も場合により含む。ここで述べるのは自の感覚ではなく自分の感覚である。自は、まさに今の時点で思考していること自身である。それ以外は余事象であるゆえ全ての仮他は自ではなく、感覚は思考ではないので「私」に包含されるが自ではない。他者の自はもとより他者の感覚の有り様は類推もかなわぬが、少なくとも「私」の感覚は思考していないので自には包摂されず仮他であると明解に認識できる。自が在りこれに続き存否が不明な仮他だが自に影響や不安を与えることは無論あり得る。全ての仮他すなわち自分の身体、他人、物、現象等を自と接続するために感覚が仲介する。無論自のみで思考できるが平常は自とこれら仮他を総じて居るので感覚を疎かにできない。日常は「自のみの思考」と「自と仮他を含めた思考」が混在しているので「自と仮他を含めた思考」が十分に機能していなければ日常は万全な充足が為しがたく不安定を来すことがあり得る。感覚が希薄な場合は自以外に対し存在感が希薄なため、自が不足とした事物を仮他が有効に充足できない。感覚が濃厚な場合は自以外に対して存在感が濃厚なため自が在ると見なした量を越えて計量が為され、感覚が自にもたらされるため、自と感覚に齟齬がもたらされる。仮他は自に不安定を来す機能を持つが不安定を解消する要請にもこたえる機能も併せ持つ。仮他が不安定を来す機能のみであるならば自に不利益のみを生じるために要請ではなく淘汰される。「察し」が希薄な場合は、自から仮他に向かう察しが有効たり得ず、また仮他から自に向かう察しが有効たり得ない状況すなわち外的な不安定をもたらす。この効果は仮他が自を察しないことからもたらされる孤立という不安を生じたり、自が仮他を察せないことから思い込む無能感で苛むことがある。

「自分の存在感覚が薄い」とは自が慢性的に満ちていないと思考する事が多い状況より浮揚しやすい。「私の日常」は「自のみの日常」と「自と仮他の日常」の両者を含むことは先に述べた。「自のみの日常」の場合は仮他を想定していないので思考は制限を生まず自由かつ満ちている。「自と仮他の日常」の場合は相互に作用する事が円滑さとなりそれが良好ならば、自は存在の価値を生みそれを得る。「私の日常」の場合は良かれ悪しかれ自と仮他両者の関連に作用されていると自は日常においては思考する。自に無関係な仮他は自に影響を及ぼさず、自に関係する仮他が自や仮他の存在の価値を左右すると想起することはある。仮他ではあるが他人が私を否定する状況においては価値設定は両者間で低く見積もられ、これが慢性となれば価値観の低さが自分の存在を否定したり低く見積もりがちになりやすい。自身の存在を感知するものは自のみであることは当然である。自分の存在感は自で感知しまた起源も作用も自のみが生み把握する。仮他は自に作用することはあっても存在感を生じることは無論無い。自の存在は明らかに存なのだが不安定な状況下では自の存在を仮他に依拠して認知しがちな状況下に至ることもあり得る。「自は在り仮他の存否は不明である」ことは「自は在る・仮他も在る」と「自は在る・仮他は無い」のいずれか一方である。また「私」と「あなた」は思考の共有は全く無く感覚の共有も全く無い。無批判に受容するのであれば仮他を認めようとも構わないが、本論は論拠を「自は在る」に置く以上、明確に追求し仮他の存否は「在る」かもしれないし「ない」かもしれないの何れか一方であるとするところまでしか仮他の存否を限定しない。仮定として「自は在る・仮他は無い」ならば在る自が仮他に優先する。「自は仮他に優先する」に帰結する。一方「自は在る・仮他も在る」ならば、私Aの自Aと、某人Bの自Bがある。論を明解にするためには類似する2つを論じるより大差ある2つを論じた方が理解されやすいので私Aに対し某人Bは遠地の見知らぬ無関係な人とする。私Aにとって明らかに重要であるのは自Aであって自Bではない。同様に遠地の見知らぬ無関係な某人Cがいたとしても、私Aにとって明らかに重要であるのは自Aであって自Cではない。命題から遠地を外し近地としても成立する。見知らぬ無関係を外し知己としても成立する。よって私Aの自Aは各他人の自

B・C・D・・・に優先する。「自は仮他に優先する」に帰結する。「自は在り仮他の存否は不明」を、事象「自は在る・仮他も在る」と余事象「自は在る・仮他は無い」に分けても「自は仮他に優先する」は共に成り立つことがわかる。これは「私が正しい」「私の言うことを聞け」「私の言うことが正しい」等の妄想言論や自意識過剰や躁や過剰な優越感等とは次元を異にし類似性の欠片も無い。自は仮他に優先するが、自が不安定な場合に仮他に依存し主従が反転する混乱を生じることがある。先だって二分した内の「自が在る・仮他は無い」の場合、依存を試みた某人Bの自Bは無いのであるから依存のしようがない。他方の「自が在る・仮他も在る」の場合、依存を試みた某人Bの自Bにとって主たるものは自Bであって、依存したところで自Bは自Aを越えない。したがっていずれの場合においても自Aは他に依存しても上位であり従とならない。自が仮他に依存しても何らの解決に向かないので気付くまで空転が続き不安定もしたがって続く。「私と世の中は共存する」や「私とあなたは支えあう」等の言葉は心地良いためよく用いる。平時の対人で用いることは何ら構わないが、自分の存在の意義を思考している極まった状況下では有効に作用すると期待し得ない。

［自がどこにあるか不明瞭な様相］

「自は在るのだろうか」という混乱は「自がどこにあるか不明瞭」という様相として表出することがある。前述の「自の存在感覚が希薄」は自が自身の存在に疑念や満ちていないと危惧し不安を為す状況である。「自がどこにあるか不明瞭」の「どこ」とは解離性障害の一部に散見する物理的位置（座標）とは限らない。自が在ることは自明だが極度に劣等感に苛まれたり、基礎的な自尊すら弱体している状況下では存否の不明な仮他からの影響であっても自が不安定となり、「居る」にすら確信を持てなくなる事があり得る。言わば「どこ」は「安定する居場所」である。自は物ではないから座標では無いが此処に在る。此処は居れる状況設定や雰囲気という環境設定や「私」が安定する時間であったり「私」が安定できる多様な条件全てを包含した総体である。平常であれば居場所に要請される条件は大して無い。仮他の負の刺激が及ぼされても安定の閾値が高いため自は容易に攪乱されない。自が先述の様に不安定になると安定の閾値が下がり、複数の条件から不安が漏出し始める。安定したい場所に求められる制約が急増し、この制約を満たすことのできる場所が皆無となり不安が充足解消される条件を満たせず自が安定できる場所の不明瞭を想起し始めやがて訴える。年齢的または文化的に雰囲気等の状況を他人に表現するための語彙が未発達または無い場合は表現の容易な「場所」的な表現によって言語化されることもあり得るので単に「場所」という単語の典型的な一般的な意味のみで類推せず当人が何を言語化しようと試みているのか個々の事案毎に個別の吟味をする事となる。

［自の存在価値に疑義をなす様相］

全てに先立ち自があることは自明である。仮他の存否はこれに二次的にあり一次的ではない。よって、自は既に存在し、在るという時点において「既に」価値が有ることも言わずもがな自明である。「既に」は経時的に前後ではなく付随と同義と言えるが時間軸においての表現が適当で表した。平常であればこの事柄は意識もされない程度にわかる。在ることに依拠する価値であるので自の存在価値は疑問や疑義を持つ類ではない。価値とは対象の有形無形に関わらず仮他の存否や存否の影響等に関わらず自に在る。精密には自による設定の一形式である。まして自の価値はその自から既に生じているので在る。

在るに対する疑義は「在る方が良いのか」と「無い方が良いのか」の価値判断であり「ある・ない」という存否判断ではない。「在る方が良いのか」「無い方が良いのか」の問い掛けに対する主語は自であり「自は在る方が良いのか」「自は無い方が良いのか」となり、さらにこの場すなわち仮他が既に設定され在り「自はこの世界に在る方が良いのか」「自はこの世界に無い方が良いのか」と成文できる。よって在るに対する疑義の文脈は仮他の中に自がある前提となり自は仮他の下に凋落する。全ての思考の根幹である自が揺らぐ状況であり存否が不明な仮他である感覚であるとか他人であるとか現象であるとかに全てを委ねており自は安定できる依拠を見失った状況下そのもので極度に不安定になる。自分否定はこの状況に字面は似ているが自分を否定しているのであり自を否定している事柄とは異なる。「自分」は、「自」と「仮他の感覚」と「仮他の身体」で構成されているので自を除けば「仮他の感覚」と「仮他の身体」により構成されている。自分否定は自の否定ではないので仮他の感覚と身体に向けられた「疑問」や「疑義」や「否定」までも包含してしまい本項に不適である。

「疑問」とは自分の感覚のレベルが感覚された状況のレベルに一致しているかどうかを疑う様相である。自分では正しい行為であると思い行動していて、かつ他人（仮他）と評定が異なるとする。先んじて各種不安定さを生じていたならば自分の行いや感覚のレベル等を疑ってしまう状況になることもある。

「疑義」とは感覚の意味するところに価値を見出せない状況等を指す。痛感覚は危険の負価値を測り現状のあらざるべき状況を認知するために作用する。現状の痛感覚を「あらざるべき状況」と関連付けが出来ていなかったり関連付けを否定するならば痛感覚は「危険」や「死」と切り離され無関係となり、別に接続された事柄と連関し、平常すなわち常識や風習や文化と考えられている因果の連関と異なる思考と化し跋扈し始めることは無いと断定できず、よってあり得る。

「否定」とは間接的に自外の一切を否定する様相であり、自外すなわち感覚以遠を否定し存在を認めない様相である。断るが生物学的な神経にかかわる事物や反応という事柄等を否定する話題等と何らの関係も無い。痛感覚等または自分の身体を「自分の物ではない」と否定する態度や、感覚の存在や感覚という現象を否定する態度が含まれる。痛感覚があってもそれを能動的に否定するまたは受動的に否定されてしまうため現象としての痛感覚等はあっても感覚の意味に連関しなかったり出来なかったり、各種感覚という一般的な現象を知っていても自己の感覚を認知しなかったり出来なかったりする様相である。一方、自の存在価値に疑問を持つ状況は前記の様相と異なり、感覚や身体に対する違和ではなく自に対する違和のうち、自の存在は認めながらも自の存在価値に違和を生じている。これは自と仮他の相対価値ではない。自が自らの価値を認めがたい状況であるため根深い。

［自分を客観視する様相］

「自分を客観視する」とは思考的に自が自を「自と仮他」に分離している状況や、位置的に自の位置が「自の位置」と「自から分離した仮想の自（むろん仮他的）の位置」に分離している状況下である。ここで言うところの思考的に分離している事柄は一つの考え方と別の考え方が対峙しているという様相ではなく、「自」と「自だが仮他的に別存在として創造した自」の思考的な交流が希薄で、「自」が「自だが仮他的に別存在として創造した自」

を一方向的に見ている様相である。ここで言うところの位置的に自が分離している事柄は、視覚の位置や聴覚の位置は仮他の身体の位置にあるが、思考の一側面（部分集合）が自の位置と分離している状況等である。物理的位置と限定されない。一般的に上位者に起源する下位者は上位者に沿うが、一方的に見ている状況なので疎通できず、自から派生した仮他的な自であっても操作できず傍観のみである。この様相で自にとって私の感覚は仮他であるから苛立たしい。いわんや私の身体はさらにその先の仮他であるから苛立たしい。長期この状況が続けば自が「仮想した自」を見切り、客観的視点から独立的視点に転向する事も起こりえる。さらに続けば「仮想した自」の視点の転向のみならず、末端の「私の身体」の放棄から「私の感覚」の放棄に進行する事も考え得る。自が自的な自と仮他的な自に分離した様相であり、自が「自は唯一であって複数ではない」ことを気付き認めなければ抜け辛い。この状況において自と仮他の主従関係は錯誤であるが、思い込み上誤ったバイアスがかかり偏執している。創造された自が、創造した自を凌駕する事もある。無論凌駕した創造された自は仮他であるために主導せず単なる上位不在で下位のみ存在の状況下で意思決定する者が無く混迷から抜けづらい。尤も創造された自は創造した自より発するので解離したものではなく自の熟慮が過ぎて派生したのであり、あくまでも自同士類似しており差異は少ない。差異は少ないが元来より過敏な状況の場合は差異を過剰に評価して混乱することは無論ある。

［自が今という現在にあるのか不明瞭な様相］

「自が今という現在にあるのか不明瞭」とは、身体と自の時間的な差異ではない。時間が過去から今現在、更に未来に平等に流れていることを意識しない状況下であったり、過去と今現在と未来の差異が希薄で、「ワタシ」が過去でも今現在でも未来でも居ることを受容していたり、甘受せざるを得ない状況下や思考の有り様等である。時間に対する認容は多様である。いわゆる「科学的な時間」の把握は遥か昔から遥か未来に向かい一様に進むものであろう。しかし「思考的な時間」の把握はその規制を受けることはなく個々に全く自由であり多様である。分類として自分が居ない程の過去、自分が居た過去、自分が居る今現在、自分が居るであろう未来、自分が居ないであろう未来等がある。性質としては連続が一般的であるが、この他にも多様にあり例をいくつか次に挙げる。

① ひとつとして、ワタシと無関係な時系を挙げる。

a 無窮の過去があり　続く　現在　続く　無窮の未来がある

b 無窮の過去があり　続く　現在　続く　区切れた未来で終わる

c 区切れた過去で始まり　続く　現在　続く　無窮の未来がある

d 区切れた過去で始まり　続く　現在　続く　区切られた未来で終わる

② ひとつとして、ワタシと関係した時系を挙げる。「いま」は私の今のみを指す。

a 無窮の過去があり　続く　いま現在　続く　「ワタシ」が消える未来で終わる

b 「ワタシ」が生じた過去で始まり続く　いま現在　続く　無窮の未来がある

c 「ワタシ」が生じた過去で始まり続く　いま現在　続く　「ワタシ」が消える未来で終わる

d「ワタシ」が覚醒した時点で始まり　続く　いま現在　続く　「ワタシ」が入眠した時点で終わる

③ひとつとして、過去という概念又は未来という概念の有無と関係した時系を挙げる。

a 過去という概念がある　続く　現在　続く　未来という概念がある

b 過去という概念がある　続く　現在　未来という概念は無い

c 過去という概念は無い　現在　続く　未来という概念がある

d 過去という概念は無い　現在　未来という概念は無い

④ひとつとして、各時系列の接続と関係した時系を挙げる。

a・・「過去1」↓「過去2」↓「現在」↓「未来1」↓「未来2」・・　連続性がある

b　「過去1」　「過去2」　「現在」　「未来1」　「未来2」　連続性が無い

c・・「過去1」↓「　　」↓「現在」↓「未来1」↓「　　」・　何処かの連続性が無い

⑤ひとつとして時系ではなくエピソードと関係した時系を挙げる。未来は未採録である。

a　時間は経過があり、　連続した動画でエピソードは連結している

b　時間の経過があるが、過去現在のエピソードはそれぞれ独立した動画

c　時間は経過が無く、　過去現在のエピソードはそれぞれ1枚の静止画

d　時間の経過が無く、　現在のエピソードは1枚の静止画

e　時間の経過が無く、　過去は無く、現在のエピソードは1枚の静止画

⑥ひとつとして、エピソードが決定的、または流動的とする時系を挙げる。

a　過去は決定している　現在は決定している　未来は決定している

b　過去は決定している　現在は決定している　未来は流動的である

c　過去は決定している　現在は今作られている　未来は流動的である

d　過去は流動している　現在は今作られている　未来は流動的である

これ以外にも時間概念は、存否の概念、連続の概念、経過の概念、因果の概念などが挙

げられ、個々に独特で、個々の状況下で多様に思考したり（能動性）思考される（受動性）。

一般に時間の流れを思考するとき、自分が居ない程の過去、自分が居た過去、自分が居る今現在、自分が居るであろう未来、自分が居ないであろう未来等を想定し又は在り、ある時点での自分が他の時間に出現すると為す事には違和を感じる。自の単一性の保存である。今現在の自分が過去の自分などに逢う事は無いとし、自分がもう一人の自分に逢うことも無い。ところが、ジが今という現在にあるのか不明瞭な状況では時間は何ものにも関与せず流れており又は有り、ジはジの認める所（ジが主要としている時間）に居ても違和を感じない。よって過去の記憶にジが居るとしたときには、過去は既に過去ではなくジにとっては現在になることとすらある。すでに経験した過去はジにとっては、過去でも構わないし現在でも構わなくなる様相である。

よってジAは、「今の時点」を「居ると設定できる時間帯」と為し「自分Aの居なかった過去」「自分Aの居た過去」「自分Aにとっての今の時点」「自分Aの居るであろう未来」「自分Aが居ないであろう未来」すら包摂できる様になる。ジAは自の単一性を保持しないが、ジAにとってそれは既に認めた様相であるから、他のジBがそれを評価できるものではない。そのジAの有り様は他のジBにとって違和であっても、そのジAは自らの有り様に違和を持っても持たずと自由であり他Bからの制限の範囲外である。他BがそのジAの有り様を評価することを制限するものでは当然無い。

［時間の捉え方の多様性］

「現在」という単語をはじめ時間を表現または特定する単語は多様にあり、また個々によって時間感覚も多様である。一般に幼少から時間について「過去→現在→未来」に進むと知識を伝達される教育を教育機関や近しい者より受けているために「過去→現在→未来」と一方向に定速で流れるがごとく進むものと思われたりそもそも疑念すら懐かれないことが多い。常識や教育を批判否定するものでないことを断ったうえで述べるが、「ジカン」については先述の一般的な感覚以外にも多様な捉えられ方がある。一般的なジカン以外の捉え様で散見される様相を例示する。本項では「　」を付けてジカンの種類を一般的に述べているが一般的な時間を表現する単語の意味とは異なることがあるので「　」内の単語の意味を儘に取る必要は一向にない。同系の単語を借用したに過ぎない。
・「過去」は無い。「今」はある。「未来」は無い。
・「過去」はある、「今」はある。「未来」は無い。
・「時間」は連続していない。断片の連続である。
・「時間」は連続していない。「今」「過去」は1枚の写真の様な刹那（瞬間の意味）である。未来は不明。
・「時間」は連続していない。「今」というこのエピソードのみである。
・睡眠を途絶として、「昨日」は無い、「今日」はある、「明日」は無い。
・「無限の過去」→「今」→「無限の未来」がある。
・「有限の過去」→「今」→「有限の未来」がある。
・「自分が生まれた過去の特定エピソード」→「今」→「自分が死ぬ未来の特定のエピソード」
・「過去のエピソード」「今のエピソード」「未来のエピソード」が整列している。
・「エピソードA」「エピソードB」「エピソードC」が整列していない。

・「私のエピソード」に「他人Bのエピソード」や「私以外のエピソード」等が混在している。

このほかにも実に多様な「ジカン」が散見される。

時間は過去から現在そして未来へと連続して一定速度で流れていると為す思考や、パラパラ漫画の様に一瞬の積み重ねで連続ではないと為す思考や、特定の時間しかないと為す思考や、特定の時間が欠落していると為す思考や、時が自に拘束されていると為す思考や、一定速度で進行していると為す思考や、一定速度で時間が進行せず様々な速度で進行していると為す思考等が述べられる。次①からの様に過去・現在・未来についての様式があり、それぞれ個別に組み合わされる。提示する事柄は様式であり主張ではない。一般的な捉え様の様相は略す。分類の根拠以下に「カコ（過去的な時間様式）」「ゲンザイ（現在的な時間様式）」「ミライ（未来的な時間様式）」について簡易に記述する。簡易な記述とする事由はそれぞれが多様で事案ごとに個別であり流動的であり、そもそも言語化に適さなかったり、言語化が本来できない事柄であったり、そもそも語彙が無いため等が挙げられる。よって、エピソードに少なくとも共通する言語化可能な範囲でのみ記述する。

数番号①②③・・・が分類の根拠、以下に「カコ（過去的な時間様式　表記は過去）」「ゲンザイ（現在的な時間様式　表記は現在）」「ミライ（未来的な時間様式　表記は未来）」で分け、以下に・で共通するエピソードを挙げた。

① 時間の系列を写真のような刹那（瞬間の意味）の集合とする様相

「過去」
・一枚の写真のような瞬間の集合

「現在」
・一枚の写真の様な瞬間
・一枚の写真の中に物語の流れが存在する

「未来」
・未来なので存否が不明
・一枚の写真のような瞬間と想像する

②　時間の系列を動画集のような時間とする様相

「過去」
・エピソード毎のひとつの動画または動画集

「現在」
・限られた時間の、此のひとつの動画
・エピソード毎の動画をいくつかまとめて「現在」とする
・「起点が覚醒時、終点が入眠時」「起点がエピソードの開始時点、終点がエピソードの終了時点」など多様

「未来」
・未来なので存否が不明
・ひとつの動画の様なものと想像する

③　時間の系列中の一部の時間列が無いとする様相

本様式は特定の時間または時間帯が無いとしたり、特定の時間または時間帯のみがあると

する系統である。よって「過去有、現在有、未来有」を除く、

「過去無、現在有、未来無」

「過去有、現在有、未来無」

「過去無、現在有、未来有」

を一応提示する。

しかし様式によっては「現在無」として
「過去無、現在無、未来無」

「過去有、現在無、未来無」

「過去無、現在無、未来有」

とする状況下もある。

「過去無、現在無、未来有」に対して矛盾を感じなくともよい。夢は覚めれば過去と成り下がるが夢中の時点では過去と現在を含み、それらを時点で夢と判断した時点ならば、その時点以降に現実が開始されるので、「過去無、現在無、未来有」と成っているのであり他者から矛盾とは言い切ることは何らできない。

「過去」
・過去という考えそのものが無い
・過ぎた事柄は変更できないのであるから現在からすでに分断されている。よって思考への関与が無い
・現在は思考に直接関与している現状があるが、過去にはそれが無い。よって思考への関与が無い
・思考に関与しない事柄に価値が無い
「現在」
・現在という考えそのものが無い
・現在という状況に対する思考が希薄である
・現在という状況を夢想的に捉える
・時間感覚が無い、または無いとする
・時間感覚が不明

・客観的な時間また時間系列はあるが、主観的な時間また時間系列に対する実感が無い
又は希薄

「未来」
・未来という考えそのものが無い
・「現在」は常に「イマ」のみであり、「未来」は常に「イマ」の次に来る予定の事柄であり、永久に「一つ先」の事柄であり「来ない」
・未来は不明であるので「有る」とも「無い」とも決定できない、または積極的に決定しない

④ 時間の系列において「果てしない」「永遠」「続く」等を懐疑する様相
一般的に教育や文化により時間は無窮の過去から連続して現在、そして現在から連続して無窮の未来に時系列があるとしていることに異論を唱える論でもなく、況や伝達や要請等とは連関そのものが無いとして述べる。

時系列の起点は「無窮の過去で時点は無い」「無窮の過去で時点不定」「何かの事物がで

きた時点」「ワタシの系列が生じた時点」「ワタシが生まれた時点」「特定のエピソードの開始した時点」「起床した時点」「いま現在の瞬間」「時系列という概念が無い」「時系列など無い」「今のみがあり、過去は思考の範疇に無い」「今も疑わしい、過去も同様に疑わしい」など個々に個別で多様であり、また捉え様は流動すらする。

時系列の終点についても起点と同様である。

「過去」

・過去に無窮性は無い

・過去の無窮性の存否は不明

・過去には起点がある

・過去そのものが無い

・過去そのものの存否が不明

「現在」

・本項の対象外である

「未来」
・未来に無窮性は無い
・未来の無窮性の存否は不明
・未来には終点がある
・未来そのものが無い
・未来そのものの存否が不明

⑤ 時間の系列に価値を設定し、価値判断により懐疑する様相

時間の系列があるとして本項は進める。時間は事物の経過や変化を起こすひとつの尺度であり価値の設定とは関係があってもよく関係が無くてもよい。数値として表現して過去が持つ特定の度合いや現在が持つ特定の度合いや未来が持つ特定の度合いに価値を設定してもしなくてもよい。過去という単語の語彙や現在という単語の語彙や未来という単語の語彙に価値を設定してもしなくてもよい。またその他にも時間の系列の何某かの部位に価値を設定してもしなくてもよい。個々に個別で多様であり、また捉え様は流動すらする。

「過去」
・過去に価値がある
・過去に価値は無い
・過去の価値は消えた
・過去はプラスの価値を持つ
・過去はマイナスの価値を持つ
・過去が持つ価値の存否は不明である
・過去に価値の設定があるかどうか不明
「現在」
・現在に価値がある
・現在に価値は無い
・現在の価値は消えた
・現在はプラスの価値を持つ

・現在はマイナスの価値を持つ
・現在が持つ価値の起源が不明

「未来」
・未来に価値がある
・未来に価値があるとする希望
・未来に価値は無い
・未来に価値は無いとする絶望
・未来の価値は消えた（時制感の不一致をはらむ）
・未来の価値は消えたとする無効力感（時制感の不一致をはらむ）
・未来はプラスの価値を持つ
・未来はプラスの価値を持つとする希望
・未来はマイナスの価値を持つ
・未来はマイナスの価値を持つとする絶望

⑥　過去や未来と、現在との距離間に関わる様相

思考は自であるから直接である。比して感覚は仮他であるから間接である。直接は間接よりも優位であることは言うまでもない。時間の系列は自が思考しているとしても構わず感覚しているとしても構わない。時間の経過を感覚として捉えれば直接と間接には序列が生じることもある。過去の事柄に比して今の事柄に注目しやすく、未来の事柄に比して今の事柄は注目しやすい。

「過去」

・今現在に近い過去はある　今現在に遠い過去は無い
・今現在に近い過去はある　今現在に遠い過去は不明である
・今現在に近い過去はある　今現在に遠い過去は無視する（価値の量計）
・今現在に近い過去はある　今現在に遠い過去は消去する、または消える

「現在」

・本項の対象外である

「未来」
・今現在に近い未来はある　今現在に遠い未来は無い
・今現在に近い未来はある　今現在に遠い未来は不明である
・今現在に近い未来はある　今現在に遠い未来は無視する（価値の量計）
・今現在に近い未来はある　今現在に遠い未来を考えられない

⑦ 時間を仮他と同様に扱い存否に疑義を持つ様相

「過去」
・過去は間接的な時系列なので存否は不明（仮他と同様な扱いの時間との連関への疑義）
「現在」
・今現在は直接的なので存在する　今現在と僅少でも時差がある部分の存否は不明
・今現在のエピソードは直接的なので存在する　今現在のエピソード以外の存否は不明
「未来」
・未だ来ていないのであるから存否は不明（仮他と同様な扱いの時間との連関への疑義）

・今から来るのであるから、今現在においては存在しない（仮他と同様な扱いの時間との連関への疑義）
・見分も接触もしていないので存否は不明（仮他と同様な扱いの感覚との連関への疑義）
・見分も接触もすることができないので存在しない（仮他と同様な扱いの感覚との連関への疑義）

⑧「ワタシ」の存在と時系列の存在を一致させる様相

自と仮他について思考していても思考していなくても「ワタシ」や「ワタシ以外」についての存在感覚の度合いは個々に独特で多様である。事物の存在感覚の捉え様の例を次に挙げるが、例示以外も当然ある。

一つ、「ワタシが在ることをリアルに感じる様相」から「ワタシが在ることがリアルに感じられない様相」を経過して「ワタシは無い」とする形式

一つ、「ワタシ以外が在ることをリアルに感じる様相」から「ワタシ以外が在ることがリアルに感じられない様相」を経過して「ワタシ以外は無い」とする形式

一つ、「ワタシ以外の物が在ることをリアルに感じる様相」から「ワタシ以外の物が在る事がリアルに感じられない様相」を経過して「ワタシ以外の物は無い」とする形式
一つ、「ワタシ以外の事柄が在ることをリアルに感じる様相」から「ワタシ以外の事柄が在ることがリアルに感じられない様相」を経過して「ワタシ以外の事柄は無い」とする形式
一つ、「自が在ることをリアルに感じる様相」から「自が在ることがリアルに感じられない様相」を経過して「自は無い」とする形式
一つ、「自以外が在ることをリアルに感じる様相」から「自以外が在ることがリアルに感じられない様相」を経過して「自以外は無い」とする形式
一つ、「自以外の物が在ることをリアルに感じる様相」から「自以外の物が在ることがリアルに感じられない様相」を経過して「自以外の物は無い」とする形式
一つ、「自以外の事柄が在ることをリアルに感じる様相」から「自以外の事柄が在ることがリアルに感じられない様相」を経過して「自以外の事柄は無い」とする形式
前記の様相の在り様を時系列に及ぼすと次の例示が挙げられる。

一つ、「自の時が在ることをリアルに感じる時系」から「自の時が在ることがリアルに感じられない時系」を経過して「自の時は無い」とする形式

一つ、「時が在ることをリアルに感じる時系」から「時が在ることがリアルに感じられない時系」を経過して「時は無い」とする形式

これらは自が思考そのものであり、自以外は自による思考から派生したものと総括できるとするならば、たとえ物であれ、たとえ事柄であれ、たとえ時系列であれ同様の扱いの下になる。

「過去」

・ワタシが生まれた時点からの過去はある　このエピソード以前の時系列は無い
・ワタシが生まれた時点からの過去はある　このエピソード以前の時系列は不明
・ジが在る時点からの過去はある　このエピソード以前の時系列は無い。
・ジが在る時点からの過去はある　このエピソード以前の時系列は不明
・ジが「いま」と認識した時点以前の過去の存否は不明
・ジが「いま」と認識した時点以前の過去は無い

「現在」
・ジが「いま」と認識した時点の現在は在る
・ジが「いま」と思っている時点という現在であっても存否は不明
・ジが「いま」と思っている時点という現在であっても無い

「未来」
・ワタシが死ぬ時点までの未来はある　　このエピソード以降の時系列は無い
・ワタシが死ぬ時点までの未来はある　　このエピソード以降の時系列は不明
・ジが滅する時点までの未来はある　　このエピソード以降の時系列は無い。
・ジが滅する時点までの未来はある　　このエピソード以降の時系列は不明
・ジが「いま」と認識した時点以降の未来の存否は不明
・ジが「いま」と認識した時点以降の未来は無い（存在しないの意味）

⑨　ワタシが設定した特定のエピソードと時系列の存在を一致させる様相
ワタシが設定した特定のエピソードも個々に独特で多様である。起点としては「ワタシ

が生まれた時点」「ジが生じた時点」「ウチュウができた時点」「チキュウができた時点」「センゾが生まれた時点」「セイメイが生じた時点」「ニンゲンが生じた時点」などが一部である。終点としては「ワタシが死んだ時点」「ジが滅した時点」「ウチュウが消滅した時点」「チキュウが消滅した時点」「セイメイが滅した時点」「ニンゲンが滅した時点」「シソンが死んだ時点」などが一部である。共通性としてジを部分集合として含む集合である事例が多い。本項で挙げるエピソードは「自らの想起の中に起源と終焉が起因する事物」と「風習文化シュウキョウ等より取り込んだ事物」に大別できる。本様相が困難に関与しなければ顧慮不要だが関与する場合は場合分けが要請されることは当然である。

⑩ 過去や未来を想定していない様相

元より時を想定していない様相のみをさす。記憶が無いとか予想が出来ないという症状は無関係である。時系列と記憶や予想は異なる意味を持つ語彙であることは平易である。「記憶は過去の時間のエピソードの記録である」という文脈では関与はある。「予想は未来の時間にどの様なエピソードが起こるかの想起」という文脈では関与はある。よって「記憶が有るから時間が有るではないか」や「予想が出来るから時間を考えているではないか」という連関ではない。時は文化的には秒や分や時や日や月や年や、「○○で測る事柄」や「○○では一定に進む事柄の測り方」等で統一見解と設定されるが、個々で時の捉え様は独自で多様であると先述した。よって「一定に進む時」のみならず「変速する時」「停止する時」「無い時」「一部無い時」「時の想定が無い」の様相の設定が個々に独特に多様にされ得る。当然であるが個々の様相であり、伝達や要請等の「ワタシ」と「他の人」に及ぶ事柄とは全く異なり想定すら無い。

「過去」

・過去の設定が無い　よって時間的に振り返ることが無い

・過去の設定が無い　よって振り返る時間の時点が無い

・過去の設定が無い　よってそもそも振り返る行いの想定が無い

・過去の設定が無い　よって「過去」「昔」「以前」が想起できない、またはしない

「現在」

・現在の設定が無い　よって「今現在」は感じるが想定していない

・現在の設定が無い　よって「今現在」は感じるが価値の設定すらない
・現在の設定が無い　よって「今現在」はあらゆる意味がない
・現在の設定が無い　よって「今現在」は無い

「未来」
・未来の設定が無い

よって過去現在未来の組み合わせから、単純に次の様相が想定できる。ただし想定のみでそれが散見する等の評価は本項ではしていない。
・今現在のエピソードは在る　過去の想定は無い、未来の想定は無い
・今現在のエピソードは在る　過去の想定は無い、未来の想定は有る
・今現在のエピソードは在る　過去の想定は有る、未来の想定は無い
・今現在のエピソードは無い　過去の想定は無い、未来の想定は無い
・今現在のエピソードは無い　過去の想定は無い、未来の想定は有る
・今現在のエピソードは無い　過去の想定は有る、未来の想定は無い
・今現在のエピソードは無い　過去の想定は有る、未来の想定は有る

⑪ 厭世の異なる表現型としての様相

厭世の形式は今の事柄の拒絶と今の時点の拒絶がある。今の事柄の時点とは文字通りいま身の回りで起こっている状況を拒絶する形式である。自外の厭世が一般的だが自内の事柄であっても拒絶は有り得る。今の時点の拒絶とは時系列の拒絶である。理由は個別に独特で多様だが分類はある。

「過去」

・過去のエピソードにより過去の時点を拒絶
・過去を拒絶
・過去という時系列に不信を持ち拒絶

「現在」

・過去や今現在のエピソードにより現在の時点を拒絶
・現在を客観的に拒絶
・現在を主観的に拒絶
・現在という時系列に不信を持ち拒絶

「未来」
・未来に起こるかもしれないエピソードにより未来の時点を拒絶
・未来を拒絶
・未来という時系列に不信を持ち拒絶

時間に対する想定は個々に自由で、個々に独特多様で、個々の状況にのみ沿う。

「自が今という現在にあるのか不明瞭」とする思考もある。「今という現在が在るのか無いのかが不明瞭」とする時間、または現在という事柄の存否（物の存否と同様に、時間の存否）を不明とする思考もある。時間を連続して更に流動を続けるものとして捉えない思考もある。時間を経過として捉えず写真の様に一瞬または時間経過そのものが無いと捉える形式等である。「時間が流れていなければ物事を考える時間すらない。では自は思考していないのではないか。自は在ると言えないではないか」と危惧せずともよい。自と時はそもそも別である。時を「経過する事柄」であるとか「エピソードの集合」とし仮他に列することは何も違和はない。自内に時が在るとしてもせずともよく、時内に自が在るとしてもせずともよい。連関の存否は不明で自在である。

「時間が連続していても思考できるし、時間がパラパラ漫画のように瞬間を切り取っていても並べれば事柄は展開できる。あえて埋め尽くされた連続性が必要ではない」と考えることは個性である。物理的な時間と精神的な時間を一致させようとするから、個々の理解に困難をもたらす事がある。個々の感情や感覚が多様であるように、時の捉え方も多様であって何ら不思議ではない。他者の思考を別者が拘束したり、自分に準じると固定化したり、まして転向させることは傾聴でなく教唆ともいえ本論の扱う質のことの範疇に無い。

物理の論と異なり、思考内で時系列は「連続の時間」「極細分化された時間」「細分化された時間」「途切れた時間」「無い時間」「その他」の時間概念は決定であったり個別であったり不変であったりする事柄と限定されず、スペクトラムであったり流動的あったりコンプレックスであったり変動を続けている。各々の状況は各人の思考内で自己矛盾せず在ることが多い。

過去や未来を無いとする思考がある。自が在る時間は今現在である。よって記憶は過去であるから正に今思考している事柄とは異なる。また未来はまだ至っていないから正に今思考している事柄とは異なる。この状態で時間が過去や現在や未来において連続しておらず分割されていると思考すれば、過去と現在と未来はそれぞれ独立している。自は今現在に居るからそれ以外の過去や未来の存否は不明である。

事物は事も物も複数在り、これらをA，B，C，D・・とする。時間は唯一つ在るとする。時間が刹那に分割されて整列しており、はじめの刹那がAのみに付与され、次の刹那がBのみに付与され、次の刹那がCのみに付与され、・・これが全ての事と物に順に付与され、やがて一巡する。一巡目が完了すれば、二巡目が起こり、一巡目の最後の刹那の次の刹那がAのみに付与され、次の刹那がBのみに付与され、次の刹那がCのみに付与され、これが全ての事と物に順に付与され、やがて一巡する。二巡目が完了すれば、三巡目が起こり・・とする時間の捉え方もある。

［今現在が現実か夢か不明瞭である様相］

現実と夢を区別する事に違和を持つ思考がある。現実と夢を区別する判断基準は曖昧である。「現実は首尾一貫しているが、夢は毎回ストーリーがバラバラである」「現実は奇妙なエピソードが入ってこないが、夢は空を飛ぶや自分を別視点から見ている等の珍奇さが現れる事がある」「現実は覚めないが夢は覚める」「現実は寝て起きると入眠直前と同じ場所・同じ出演者・同じ環境設定で再開されるが、夢はそうではない事がある」「現実は生きている人だけ登場するが、夢はすでに死んだ人も登場する」など様々な曖昧が挙げられる。

戸籍で確認すると1996年5月10日に私の祖母「アキおばあちゃん」が亡くなっている。私は今朝2024年7月25日朝5時5分までにアキおばあちゃんと話している夢を見た。その中でいつもと変わらない普通の話を取り留めもなく話していた。

そして2024年7月25日の朝5時5分にスマホの目覚まし機能が鳴り夢が覚めた。リアルな夢だった。クリアな夢だった。私は夢が覚めた後に「あぁ、夢か…」と考えた。なぜそう考えたかの根拠は戸籍に1996年5月10日にアキおばあちゃんが亡くなったと記載されているゲンジツを覚えていたからである。

・2024年7月25日朝5時6分に、私が起床状態で「アキおばあちゃんと話していたエピソード」を「ユメ」と判断した基準は「ゲンジツ」という設定の中の祖母の命日の記載という「ジジツ」である。

・2024年7月25日朝5時0分に、私が夢中状態で「アキおばあちゃんと話していたエピソード」を「ゲンジツ」と判断した基準は「ユメ」という設定の中でアキおばあちゃんと話しているという「ジジツ」である。

何を「ジジツ」と採用し、何を「ユメ」と採用するかは、「イマの時点」で「何」を基準として採用するかに依存する。夢と現実をそれぞれ異なるエピソードとする。

・「エピソードX」の中では「エピソードXの中にあるキジュンX」で現実・夢を判断しており、一方

・「エピソードY」の中では「エピソードYの中にあるキジュンY」で現実・夢を判断している。よって、

・「エピソードX」の中では「エピソードX」を現実、「エピソードY」を夢と信じ切って

おり、一方
・「エピソードY」の中では「エピソードY」を現実、「エピソードX」を夢と信じ切っている。

ゲンジツかユメを評価する際にはどちらの界にある基準を採用したかに完全に依存している。ゲンジツであるかユメであるかの判断基準が双方の界にあるのではなく、一方の界にしかないからである。

エピソードXに過剰な珍奇性が無い場合、エピソードYと見紛う程のリアルさがあり、覚めた時「リアルだった・・・」と夢だとは思えない様なことはある。

この様な場合、例えば既に亡くなった祖父母は生きているかの様に思われ、本当に既に亡くなっているのか又は生きているのかを、「ゲンジツ」と名付けた側のエピソードの状況設定に照らしそれをその立場側から決めている。

もし違う方のエピソードに「ゲンジツ」という名を付けると祖父母は生きている。現実のリアルさとは何か、夢のリアルさとは何かが接近しているときには区別が混同され、どちらが現実なのか判断がつかない、すなわち存否が不明になり「現実」と「現実以外」に疑念を持つことがある。

目が覚めた時から新しい自分（世界）が始まるのであり過去は無いとする思考がある。この形式で各エピソードは突然始まり目が覚めることにより突然終わる1話限りのストーリーと感じられている。ストーリーを持つ現実とストーリーを持つ夢が、・・・現実↓夢↓現実↓夢↓現実・・・の流れで繰り返されているとすれば現実と夢の間に相違の感覚が薄れ、・・・ゲンジツ↓ユメ↓ゲンジツ↓ユメ↓ゲンジツ↓ユメ・・・、すなわちエピソードXとエピソードYの区別はあるが「現実」と「夢」の決定が曖昧になる状況下が生じたり疑念が生じる事があり得る。この状況下ではどちらも1話限りのエピソードではないかと思考する。両者を現実として価値を見出せばよいが、どちらにも「消え去る事柄」とし無価値とすると夢と呼ばれる方ばかりではなく現実と呼ばれる方までもが無価値と設定される様相があり得る。現実と非現実の等価性が思考の中で成立しているので、他者が矛盾などを指摘しても等価な一方が等価な他方を一方的に否定していると思考するので、現実と呼ばれる一方の価値のみを「有る」と認識させることは困難になりやすい。

［自は在ることが認識できていない事例］

自は私の思考で、それ以上でもそれ以下でもない。至極単純ゆえ混乱のしようがない様に思えるが、これは平時であるからそう思考できる時点に過ぎず、平時でない時点ならば自は在ることが認識できない状況下を来すことは皆無という理由も保証も何もない。今現在の時点での論者においての自の在り様は、「在る」であり、「此処」であり、「今現在の此の時点」である。それ以外では明らかに無い。自は個体であるから「在る」は単一であり、「此処」は単一であり、「今現在の此の時点」は単一である。仮他の存否を存として他者を推しても不明と推しても何ら変化する理由もなく同一となる。ただ「ワタシ」が平時でなく不安定化し「在る」「此処」「今現在の此の時点」等の有り様や在る事柄や元来の比類しない価値に疑義を幾許か持ち及べば、これらが在る事柄の当然な認識すら朧気となることはあり得る。「ワタシの自」は思考しつつも、「ワタシの自」の「在る」が朧気となれば単純な空虚ではなくジの存を満たせないエキセントリックな状況を来す事はあり得る。「ワタシのジ」が「ジは無い」「ジがわからない」と評価する状況下であるからジが各部分において分離した様相を呈する。この状況は「自」が「自」の他に「仮他（自並みと思い込み作成した仮他）」を作ったに過ぎず、無論自並みに振る舞うといえど「仮他」である。ただ自と仮他の分離が不十分な場合は空想された「自と思い込んでいる仮他の自」について存在していると妄想してしまう。

「自」が、空想し「ジ」を作り、それを「自」と思い込み、その「ジ」を傍観視すると、その「ジ」は作った自であるから自分の模型的に過ぎず「ジ」はあまりに単純で生きている感すら希薄に思え、これを持って「ジ（実は自）は生きている様に思えない」また等価に反転し「自（実はジ）は生きているように思えない」と観察したり自己否定すらする。

前記傍観視の傍観の観点は、思考する事柄自身の傍観であるが、傍観の観点は個々に多様である。一般に事物を傍観するとは文字通り「傍で観る」である。自らの位置を確保すれば、自はその位置であり、見られる（客観視される）事物の位置は自の位置の傍らである。自のその位置に仮他のその位置が合致することは無論ないが、それはあくまで平時である故、平時以外には保障されない。「ジ」を傍観する一つの形態として位置を問題視する傾向を持つならば意識の位置と身体の位置が一致しないことがあり得る。これは極僅かな位置の相違もあれば、「自分を別の位置から見ている」と表現される、ある程度の固定距離での位置の相違もあれば、ある事物に「ジ」の位置を依拠させてしまい、そこに自が在ると為す形態もある。「ジ」を特定の別人物という位置に依拠させるとあたかも自分が「他人」を兼ねているまたは「他人」が自分を兼ねているかの錯誤を生じることもあり得る。他人はあくまでも仮他であり「ジ」の位置が依拠できたとて思考の接続は無いのであるから当然思考は通じず、「ワタシ」の儘であり、この場合であればジの位置について一切の変更はないし要請すらされない。「私はあの人になれる」表現はあっても「あの人は私になれる」や「あの人が私に入ってくる」は本形式ではない。何れにせよ依拠させた位置に「自」があるのではなく、あったところで「ジ」に過ぎず、無論虚ろである。

傍観の観点は時間も取りやすい。「今」という表現も個々に多様であり、その時点の状況においても「今」は自在に変遷できる。「自」や「ここ」は我事であったり、視認できるため儘に確認できる。ところが時は視認等じかに確認できる事柄ではなく、更に時間は「私」と「他者」で共有しているモノなのか、または「私」と「他者」で共有されていないものなのか、または「私」に固有のモノなのか等の多様な刻みのイメージもあるので、能動的にも受動的にもどの様にも捉えられる。「います」は「今現在の此の時点において、此処に、居ます」が一般的であるが、この形式以外であってもそれは個々の感覚であるから否定も肯定もする立場に少なくとも論者は無い。ただ時間的に「自」と「ジ」の間にギャップがあれば眼前に広がる私に関する風景と、私が思考している風景に差異が生じ、自分の考えていることと、仮他の動きが一致していないと感覚せざるを得なくなることは予想できる。散見する事例を挙げたが、他にも非常に多様であり紹介しきれる事物ではない。

［自は存在してもよいのかという疑念］

「自は存在してもよいのか」には次のような自己像観があげられる。

自分が罪ある存在とするまたはされる設定から生じる見地として「自分には生きている価値が無い」「自分が生きている事は罪である（自分の利益とは他者の利益を奪うこと、自分の利益とは他者の損益の事、摂食とは他者を殺して生きている事等）」「風習や文化等で作成された自己に由来しない罪がある」等の感受を映す形式を啓蒙された形式がある。

自分の無力感から生じる見地として「ジブンが消えた（死んだ）としても、社会はこれまでと何も変わらず進行する」等の様にジの思考やジの居る環境設定に「ワタシ」が参加の意図が希薄又は参加しない又は参加の意義が無い又は参加の価値が無い又は参加する資格が無い等の所属する事物に対して自己の虚無感を生じた形式がある。

自分の存在に疑念がある見地として「他の人や事物は「ワタシ」の目で直接的に実在の確認ができるが、「ワタシ」だけは直視が不能で鏡等で間接的に視ることしかできず直接的に実在の確認ができない」「ジブンも、他の人も、全ての事が夢のように現実ではないとできる」等の自己に対する存在感覚の弱体化や喪失化や排除化を起因とする形式がある。「事実行った罪に対する自罰感」「怠惰起因の無力感」については一般的なので略す。

自分の存在に対する疑念のうち「他の人は目の前に見えているが、鏡等を使わない限り自分を直視できないから自分は存在しないのではないか」という考え方は、自を存在の根拠に置かず、感覚を存在の根拠と設定するとき想起しやすい。平時一般的に視覚を主要感覚とするため、見える見えないは存在の確認に大きな影響を及ぼす。しかし先述の通り、感覚は思考する際の判断資料であり思考そのものではないことから、感覚を存在の根拠と設定し「自らは直視できないから存在しないのではないか」と不安を持つ前に、自が在ることから思考し自から見えるものは自では無い仮他であり存否が不明であるとし、確実なものと不確実なものを判断することが自分を把握することが基本的な見地である。尤も、この様相は感覚が自では無いことが明瞭にわかる具体例ともなる。

自分の存在に対する疑念のうち「自分も他人も物も含めた全ての事物が夢の様に現実だろうか？」という考え方は、自の価値観が希薄である事や自の無効力感から生じる場合もあるが、仮他の存否が不明であることが自にも同様に適応されるのではないかという不安から生じている場合が主である。仮他という語彙や概念を持たなくとも、自分以外が本当に居るのか居ないのかに疑念は持ち得る。順に「自は在る」から始め「仮他の存否は不明」と辿ればよいが、「自分以外の人が本当に居るのだろうか？」等の確実性ではない疑念性を当初に持つと「では、自分という存在はどうなのだろう」と疑念することはある。

［自は存在してはいけないという疑念］

自死や自傷の一部の様相や過度の自己否定の様に自分存在を「存在してはいけない」「存在しない事が適切である」と否定する思考がある。そもそも自は在るとし、その上で自は存在してはいけないと疑念する状況である。「存する」は自の根幹である。現然たる「存する」と疑念たる「存する事の否定」は互いに相いれないので、「存」が自の事柄であるならば「存することの否定」は自由来の事柄ではない。「存することの否定」は仮他に由来する。

「自が自を純粋に否定する」思考がある。先述の「何らかの為に自は存在してはいけない」とする思考は仮他と自が拮抗している状況下で尚且つ仮他が自に対して優位であるという矛盾な状況下まで踏み込んでいた。しかし本思考では仮他は無い。自のみでの状況下であるため仮他の無視という方策が採り得られず自や「私」の保全が困難と成りがちである。自が自を純粋に否定する状況は平常ない。自は元来在るからである。不安定は状況に応じて多様であるが発生の過程は似る。各種不安定の発生過程を詳細にすれば「自はそもそも在る」「自は元来在るので満ちている」「仮他は自に後んじて生じられる」「自の不安定は仮他との対比により想起される不足から生じる」の部分が似る。自が自を純粋に否定するならば、この流れから仮他の関与する部分を避ければよく、したがって「自はそもそも在る」と「自は元来在るので満ちている」の部分に不都合があるか。ただし「自はそもそもある」は否定できず、よって「自は元来在るので満ちている」に不都合があり得る。さらに締めれば「自は元来ある」は否定できないので「満ちている」に不都合があり得る。

自は元来在る。この事柄より一般的には「在る」が「1」すなわち「満ちている」と総じられ、仮他の出現があれば、更に自と仮他の比較があれば、更にそこに自の不足があれば、不安が生じる。とかく自が自を純粋に否定する場合は各々様相が違う。「在る」が「1」と感じられず、よって自が既に不足している状況下である。この状況下は「自による自と自の比較」なのか「自内で生じた餓え」なのか「自内で生じた自への疑念」なのか「自に対し想起した自の矛盾」なのか「自問自答の際に有益な回答を自が導き出せなかった事実やこれより生じた自信喪失」なのか・・・またコンプレックス（複合体）なのかは事案毎に異なる。起因が違ったり、それによって呈する自の不足の量的な表出が違ったり、呈する自の不足の質的な表出が違ったり、呈する自による自への攻撃の様相が違ったりするので一般的に、自のみ由来による「自による自への責めとしての『自は存在してはいけないという疑念』」なのかと、仮他由来による「仮他による自への責めとしての『自は存在してはいけないという疑念』」なのか「自と仮他の共合による自への責めとしての『自は存在してはいけないという疑念』」なのかの見極めは精細さが要求される。自は存在してはいけないという疑念を生じている状況は深刻であるとの認識を要す。

稀だが特定の風習や文化や宗教や道徳の無批判的な妄信による「自が自を純粋に否定する」と似た思考の様相もある。「私」の向上をのみ志す風習や文化や宗教や道徳では、「私」の過去又は現在の在り様の正しさにおいて将来の状況の在り様が向上とするために、現状下の「務め」が求められ過ぎた過去にそれほど拘束を受ける要請は薄い。しかし「私」だけではなく二人称のうち特定対象や三人称のうち不特定いわゆる社会集団を自に含めて向上の云々を志す風習や文化や宗教や道徳においては、一人称や二人称や三人称の現状の不足や不徳を私や私に属する過去人の云々に付着させたり付着されており、「今現在の時点の此のワタシ」以外の「自の範囲外の『ワタシ（もしくはワタシに属する過去人）』」に否定事項を設定し、自己解決できない「罪」を完璧なスティグマとして押す。これは「ワタシが持つスティグマ」だが、「ワタシに対し押されたスティグマ」ではない。よっていくら自分の身辺を清澄にしようとも、このスティグマはワタシではない別人（他）に対し押されているので消しようがない。無限に続く「務め」を無限に続けるか、そもそもジ以前のジの血脈のスティグマの保証人として生じた「このジ」を滅することで「贖うしかない」や「行き詰まるしかない」を取らざるを得ないと妄信してしまうことがある。

［自の否定］

自の否定は「自というものは無いとするや否定する様相」や「自の思考や行動の方向性を過誤と判断し否定する様相」がある。

「自というものは無いとするや否定する様相」は「自は在る」に真っ向反する。「自は在る」の否定は無いのでこれは妄想か自滅志向の願望等である。根深い劣等感や無能力感等を根幹に持ち「自は在る」ことを疑ったり納得できない形式を発展させ「自の否定」とまで為るバイアスがかかった様相はあり得る。

「自の思考や行動の方向性を過誤と判断し否定する様相」は、「自」と「自から発生した又はさせたジ」の思考や方向性の不一致からもたらされる。自の思考や行動の方向性は自分の行動に直結すればよいが、ジが生じていてその思考や方向性が自のそれと違う設定をしておれば混乱し、差異の度合いが強ければジが勝り自を凌駕しさらに否定しにかかることはあり得る。一般的には自が主でありジは傍であるので自ずと自にまとまるが、ジが自を凌駕し更に発展し「自の否定」にまで為るバイアスがかかった様相はあり得る。ただしこれは善悪を述べる事柄ではない。善悪は判断すなわち比較であるため仮他を要請しており純粋に自内の事柄ではなく「自の思考や行動の方向性を過誤と判断し否定する様相」とは異なるので「自の否定」と区別する。

前記2つの様相以外も無論ある。思考は自由に事物や事物の変化や多様なことを表現できると従前より述べている。自内で生じる全ての事柄は思考している以上、既に思考によって表現できている。自外は言うに及ばず思考が表現し得る。言語は機能の設定上その語彙に有る事物や事物の変化や多様なものを表現できるが、語彙に無い事物や事物の変化や多様な事物を表現しきらない。ところが言語が全てすなわち事物や事物の変化や多様なものを表現しきるとする様相がある。ここに一冊の物語文章があるとする。これをワタシが読む。生き生きとしたエピソードがワタシの心に浮かんでくる。このとき文章に文字として記述されている情報は言語としてワタシに伝達された。この言語情報が仮他からワタシに伝えられた。しかしワタシの頭の中には「文字化されていないにもかかわらず思い浮かんでいるその場の情景や、その中の人物の心情や、その他の様々な事柄」が思い浮かんでいるであろう。これはワタシの「ジ」が作った「ジの思考」である。これは物語文章から伝わった仮他ではない。これはワタシが作ったジ（思考）である。この物語に関して係るエピソードは「物語文章内の語句の列」「語句の列以外のジが補填した部分」「ジ（思考）」である。この3つのエピソードの包摂関係は言うまでもないが、「語句の列以外のジが補填した部分」は「ジ（思考）」に包摂される、である。「語句の列以外のジが補填した部分」は「物語内の語句の列」に含まれているわけがない。他からもたらされるものは言語として伝達され、それは純粋に語句の列の意味のみである。そこに浮かんでは消える様々な雰囲気等は語句の列にあるのではなく、あくまでもジが創作した事柄であり、ジ内で生じる。

これが交錯されると特定のエピソードを受けた場合、「純粋に伝達された情報のみ」が「ジが作り出した雰囲気」をも纏いリアルを妄想し、「ジ（思考）」に匹敵し始める。自の否定は自の思考の校正や自の行動の方向性の校正に用いる局面は有効だが、自の思考の拒絶否定や自の行動の方向性の拒絶否定に接続すると表現型として自傷や自死を示す場合もあり得る。

［自己破壊］

自は主であるので安定か向上を志向し続ける性状を持つ。しかし仮他との相関により不安定になり有事になり場合によっては自己破壊をする。自己破壊は度合いにより現状の部分破壊と自死の様な現状の完全破壊の両者と分け、対象により「状況の一部のみの破壊」「思考の一部のみの破壊」「表現型の一部のみの破壊」とこれらコンプレックスを包含する一部のみの破壊と分け、志向により「破壊」「転向的な人格そのものの変更」に分けるなど多様である。「一部のみの破壊」は現状のほぼ全体を認めるが、部分的な破壊により向上するしか方策は無いと期待せざるを得ず行う様相である。希死念慮は本項とは異なる様相である。一般的に述べられる自己破壊は現状の自など主要部以外のほぼ全体を否定し、事物の状況を破壊のみをする、又は事物の状況を破壊し現状を無にし改めて別を構築する様相である。自己破壊は極限までの破壊を追求するものであり、この極限は自が判断するので仮他はそれの度合いや、望む量や質や、希望している形状や性状や思考を予期したり、評価の如何を判じることは往々にして出来ないし、理解できること自身期待できるものではない。「思考」にワタシの重要部分を感じる様相もあれば、「形状」にワタシの重要部分を感じる様相もあれば、「容姿」にワタシの重要部分を感じる様相もあれば、「所属」にワタシの重要部分を感じる様相もあれば、「その他の要素」にワタシの重要部分を感じる様相も当然あり個々に独特で多様である。自己損壊すなわち総じて自傷は、身体を損傷する行為であるから苦痛を伴うために避けられる行為と当然捉えられる。自己破壊の客観的否定根拠として痛みを挙げることがあるが、これは同一の事柄であっても状況によって強もあれば弱もある。また強であっても短絡的に不快が直結すると思考するに限らず不快以外の思考が接続されている場合も当然ある。また弱であっても短絡的に「より快」と限らず強に「より快」を接続しているために弱から強に移行することが不自然でない形式もある。自己破壊は言語表現すると否定印象を生みがちだが自己破壊と否定はそう密接な関係はない。一般論では密接し易いが、自内の思考判断に託されるためこれは一般的である要請が元来無く独自である。したがって自己破壊は否定を内包しない「変革」「改良」「改善」「変容」として把握されても自内では整然であり他から観察するが為に違和を生じることがあり得る。無論推奨等ではなく現象の客観的把握を認知する方向性の存在を示すのみである。これ等の正誤は実施者のその時点の有り様に基準し、他者又は集団の有り様の基準と無関係に独立しており他者と無関係で他者と類同でなく他者と個別でありさらに多様である。認知できないと断じる方向性でもない。個別と述べるに過ぎない。

[自己破壊の分類]

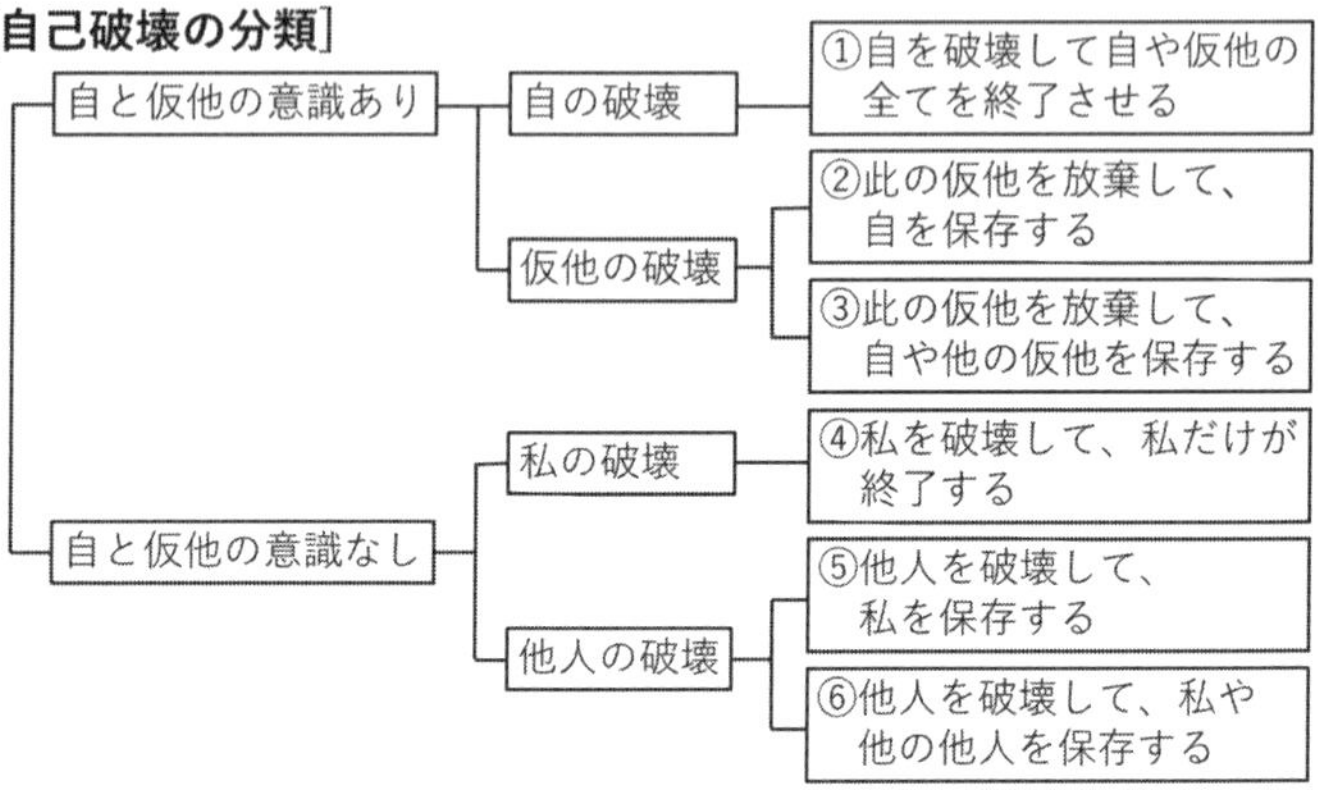

[自己破壊の分類]

自己破壊は破壊と付くため負の印象があるが一律に纏まらない。

破壊は実行者が「良と為す部分の破壊」である負の側面と、実行者が「悪と為す部分の破壊」である正の側面が両立し絶えず変容するからである。

破壊対象は実行者個々において、また実行時点の外的状況や内的様相の両者に依存し個々に独自で多様である。

対象の認識の違いに次の事柄があげられるので、あらかじめ対象の分類毎の様相を概括に分ける。

「①自を破壊して、自や仮他の全てを終了させる」

とは自と仮他の意識があって成るが、自や仮他という概念が希薄な場合は「自分が消えて、全て消したい」という描写や言語化になる。自を破壊するので仮他の存否に関わらず概ね同じ様態に帰結する為である。

自に対する積極的な破壊と他に対する消極的な破壊を併せ持つ。他に対する消極的な破壊とするが、他に対し実質的に行動せずとも「他を消した」実績を完成できたと為せるので他に対し自分が劣位と妄信する場合は選択されやすい。自傷や特定の自死の場合に想起されやすい。

「②此の仮他を放棄して、自を保存する」は「自に障害となっている仮他の設定を放棄し、自の障害を取り除き自を正常にする」という状況下を述べるのみで行動は伴わない。仮他の設定の放棄のみが為され、破棄や破壊などは一切この事柄と類似せず異なる。自に障害となる仮他の設定を放棄する方策は、仮他が自に従であることを認識し、一般的に行われるところの他人が自ら更正するのを期待する徒労を無方策に採る、または現状の停滞による混迷に揺蕩うのではなく、自が持つ仮他の捉え方のうち、自に障害となっている部分を更正するという「自分の考え方の変革」を積極的に実施する事を指すのみである。

「③此の仮他を放棄して、自や他の仮他を保存する」のうち、前項の「・・・して、自を保存する」の部分は同一であるので略す。

前項と相異する事柄は「・・・して、他の仮他を保存する」観点である。仮他の存否は不明なので、「仮他が（自の様に）在るとき」と「仮他が（自の様に）在らず自による仮想の事物であったとき」に分けて思考する。「此の仮他を放棄して・・・」の「此の仮他」は放棄に値したので考慮の必要は既に無く省く。「・・・自や他の仮他を保存する」の部分の「他の仮他」を仮他Bとする。仮他Bが私Aと同等に在るとき、私Aの自Aと別に仮他Bの自Bが在る。自Aと自Bは完全に独立しているので自Aの正当としている事柄と自Bの正当とする事柄が相違することは有り得て当然である。

仮他Bが自の設定（すなわち自Aに随う自Aの構想物）であったときは自Aの正当性と仮他Bの正当性は一致できる。仮他の存否は不明なので「・・・して、他の仮他を保存する」は私Aの視点では常に正当であるが、仮他Bの視点では正当と成りえないことは有り得る認識が要請される。障害となる仮他を放棄して他の仮他を万全に保存できないことの認識は重要であるが、独善的に遂行されることはある。

「④私を破壊して、私だけが終了する」「⑤他人を破壊して、私を保存する」「⑥他人を破壊して、私や他の他人を保存する」については、私・他人・他の他人は在るとしている人間存在であるからこれらを短絡的に破壊することを認める倫理と称する事柄や正義と称する事柄や常識と称する事柄や風習と称する事柄や文化と称する事柄等も認める根拠とする事柄も共に無いとしたいが例外がある。「私を破壊して、私だけが終了する」は有効策としては成り立たない。私が私に行為しているだけであり、害を為した他人には何らの行為をしていないので、私だけが被害を受け相手は何らのペナルティも受けない。

「⑤他人Bを破壊して、私Aを保存する」の正義不正義の判断は次の論点により論者に不明である。「他人Bを破壊して私Aを保存する」を認めるのではない、不明である。「正義の他人Bを破壊して、不正義の私Aを保存する」状況は他人Bにとって悪である。また私はすでに自らを「不正義の私A」と評価しているので私にとっても悪である。「不正義の他人Bを破壊して、正義の私Aを保存する」状況は場合により認容することがある。「不正義の他人Bを破壊して、不正義の私Aを保存する」状況は既に尊卑が不明であり論議はいらない。

次の場合は問題を生じやすい。「正義の他人Bを破壊して、正義の私Aを保存する」という命題は一聞すると意味不明である。同類の人間A・Bがいて当然どちらも等位であるのに、Bを破壊してAを保存する根拠は有るのか。

善悪の判断をしないならば風習や文化的にはある。Aの属している社会とBの属している社会が異なる場合である。Aの行為はAの社会において正義で、Bの行為はBの社会において正義であって、この状況でAの行為とBの行為が対立する状況である。

社会集団の正義はその集団内に限って成り立つ狭域の正義不正義があることに圏内で異論はない。したがって社会Aで正義を習得した私Aは私を正義となす。同様に社会Bで正義を習得したワタシBはワタシを正義となす。しかし社会Aと社会Bは異なるので、正義Aと正義Bは全体部分を問わず評価できない。次例は例え話であり一般事例ではない。

［認められる度合いが高い側］
・集団Aの飢えた構成員の生活を保護するために、集団Bに資源を輸出しない
・集団Aの構成員の生活を保護するために、集団Bに資源を輸出しない
・集団Aの構成員の生活を保護するために、集団Bと争う
・集団Aの構成員のために、集団Bの資源を奪う
・集団Aの構成員のために、集団Bを侵略する
［認められない度合いが高い側］

Aから見ると列挙した項目のより前の記述は正義だが、より後の記述になるほど、Aから見ても正義かどうか怪しくなる。無論AとBは入れ替えできる。所属集団が異なる場合は「正当な他人を破壊して、正当な私を保存する」の正義不正義の判断はスペクトラムである。正義不正義等は地域を越えて、社会を越えて、時間を越えて、固定された概念と希求するが、これは理想に過ぎないことは置かれた立場や状況を苛烈に設定することや極論を仮定することにより具現化でき理解できる。前提として「⑤他人Bを破壊して、私Aを

保存する」としており、自分を一般的な人間「私A」、相手を一般的な人間「他人B」としているので私Aと他人Bの存在価値は等価と認めている。したがってAに設定されている正義がBの正義を否定することは何ら問題がない。Aは集団Aのことを、集団Bに比し当然優先する。無論万事を述べているのではなく集団Aの倫理Aの拘束を受けた範囲で行動は行われることが望まれる。

「⑥他人を破壊して、私や他の他人を保存する」を⑤と分けた。⑤は自己保全を中心に論じた。⑥は自己保全と他の他人の保全とした。私Aと他人Bと他人Cが居る。私Aが他人Bを破壊する状況は先に述べた。「私Aが他人Bを破壊して、他人Cを保存する」において、「私Aは自」であり「他人Bと他人Cは仮他」であり異なる。他人Bと他人Cは双方仮他であり等しい。他人Bを仮他として存否を存と認めるならば、他人Cを仮他として存否を存と認める。他人Bを仮他として存否を不明と認めるならば、他人Cを仮他として存否を不明と認める。

私Aと他人Bと他人Cの存否が「共に存」の場合、私Aにとっての自A、他人Bにとっての自B、他人Cにとっての自Cが完全に独立している。自Aと自Bと自Cは共に等価であるが、私Aにとっては自Aは優先し、自Bと自Cは劣後で共に等しい。よって自Cは自Bの上には無く、自Bは自Cの上には無い。自Aにとって自Bと自Cは等価である。

私Aと他人Bと他人Cの存否が「私Aの存否が存、他人Bの存否が不明、他人Cの存否が不明」の場合、私Aにとって自Aと自Bと自Cの優先劣後は「自Aが優先であり、自Bと自Cは共に劣後」となる。私Aは自Bより自Aを優先できるしする。私Aは自Cより自Aを優先できるしする。私Aは「自Bより自Cを優先も劣後もしないし、じつは不明である」、また「自Cより自Bを優先も劣後もしないし、じつは不明である」に立脚している。。私Aと他人Bと他人Cの存否が「共に存」の場合は自Bと自Cの価値は等価である。私Aと他人Bと他人Cの存否が「私Aの存否が存、他人Bの存否が不明、他人Cの存否が不明」の場合は自Bと自Cの価値は不明である。ただし例外がある。

[自己破壊の様相]

自棄的	自死・自死結末の自傷‥‥この世界から自を放棄する 厭世的遁走‥‥此の流れの未来放棄のため現在を遁走
嗜好的	自傷嗜好‥‥快楽的な自傷行為 加工的外観美粧‥‥整形など
恐喝的	恐喝用途‥‥両親などの仮他に「見せしめ」をするために自己破壊を行う
ステージ終了的	区切り的用途‥‥ゲーム的に、此のステージを終了するための自己破壊
リセット的	復活目的‥‥ステージを強制終了(自死行為)させ、もう一度やり直す(再起動)ため
変革的	変革目的‥‥自の一部を破壊し、区切りとし従来の自己から性状を変革する為

[自己破壊の様相]

自己破壊を様相により分類すると「自棄的」「偏向的」「恐喝的」「ステージ終了的」「リセット的」「変革的」な様相に分類できる。本論で扱う自己破壊は単純に自己を破壊する行為一般をさす。その時点での「ワタシ」の状態や形態を変更する事柄の全てであり、自死に限ったものでもなく、自傷に限ったものでもなく、身体変工も含み、思考の様相によっては美粧も含む。よって喪失を企図する破壊的な事柄もあれば建設を企図する破壊的な事柄もある。また退行進行のような時系列的な意味を持たない、その時点での変身のみを企図する破壊的な事柄もある。美粧は一般的に破壊の意図が薄いが元来の美性を破

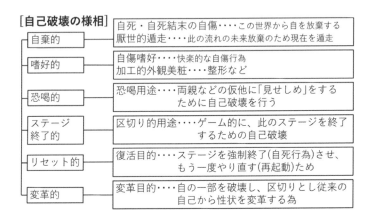

壊し、建設的に醜を目指す事柄もある。美粧は美を目指す様相もあれば醜を目指す様相も当然ある。無論ここで言う「美」「醜」は自らの基準のみであり、自ら以外の個々人や習慣や常識や風習やシュウキョウや教育等により教化された全ての基準と完全に関係が無い。代表的な各様相をいくつか挙げる。「建設」「破壊」も同様である。場合によれば「死」「生」も同様である。互いに相違した価値観による測定にそぐわない。

［自棄的自己破壊］

自棄的自己破壊とは、自が主である今現在や此の世界から自が去る形式である。自が主で仮他は従である立ち位置でない状況下で、仮他を自に対立するまたは対立できる事物と設定し影響が大き過ぎた場合に自棄的自己破壊が生じる事がある。自棄は自を元来ある所から棄する事柄であるから、元来ある所の環境（仮他で構成された環境または仮他による環境）から去る強い要望である。影響を及ぼした人や物（仮他）が周辺に存在すると認知している場合は自己に困難をもたらせている人や物などの仮他や仮他の状況や仮他からもたらされた素因を把握しやすい。対して「自分の外観が悪いと思い込み、周囲の人から悪印象の視線があるとする不安」「自分の性格を非難する周囲の人からの悪印象の視線があるとする不安」の様な、特定できない仮他からの影響または先入観に起因する事柄や仮他が実行しているかどうか不明な事柄や、自分の外観や自分の性格等の相対値など、自己内部の判断や計量に起因する事柄は自己の状況であっても理解しにくい事がある。厭世的遁走は一般的な家出と同一視され軽視され易いが考え方の根幹は自死に共通する。自死は「自」を滅することに主眼を置くのに対し、厭世的遁走は「今現在」「此の世界」から自が逃避する事に主眼を置いている差がある。よって厭世的遁走は自が主であるという観点は保持できている。また自死と厭世的遁走間には時間の感性も異なる。自死には「今現在」の時間を終了させる期待が含まれやすいのに対し、厭世的遁走では「今現在」「此の世界」の時点での時間流を一時停止する期待または遁走先の世界に自分の時間流を鞍替える期待も含むことがある。

［偏向的自己破壊（偏向的自傷）］

偏向的自己破壊を偏向的自傷と加工的外観美粧に分ける。偏向的自傷とは、自傷行為そのものを偏向しているものであって、死を嗜好しているものではない。自は安定または向上を志向するので基本的には死を想起する活動ではない。死を想起するのは仮他との対立が苛烈となった状況下であり本項は異なる。風習内や文化内で行われる通過儀礼としての自傷は本項と異なる。儀礼は自主ではないからである。一般的には負傷は避けるので他者から自傷行為は元より有り得ないと想起され、その事柄や思考や行動を理解しがたいと設定され自にも他にも共に忌すらし避ける。自傷への偏向はそもそも自傷を結果とするものではなく「用いている」のであり死を念慮している質ではない。ワタシの死を嗜好していれば自死に至りやすく明確に相異する。また反復性を持って継続することからも死滅ではなく生存を目指す行為であることは明確である。一見、生存を目指しながら自傷するとは矛盾しそうだが主観では矛盾していない。思考的自己破壊行為の一つの動因は生存の確認作業である。ジが置かれた仮他との関係性に違和を持つ想定の際、ジが「ワタシ」の状況について生存の志向と死滅の志向間で揺動する。ジがワタシの生存を確認し安定するために「セイゾン」であるとか「イノチ」を感覚する要請を行う。
「自は在る」という「思考の根本」ではなく「何らかによる思考の確認」であるため生きている証明としての出血を確認する行動性（リストカット等の行為）、呼吸制限により苦痛を及ぼし「苦しい←生きている」の確認する行動性（偏向的な息止めや偏向的な縊首や偏向的な入水等の行為等）などの事例として表出することがある。

［加工的外観美粧（身体変工）］

加工的外観美粧には加工度の小規模なピアスもあれば加工度の大規模な身体変工もあり多様である。ただし小規模な加工であっても行う目的により自己破壊的な身体変工を意味する事柄もある。「現状の自分から脱し、違う自分に変容したい」という思考の中には、これまでの自己に対する否定的な思いを幾許か含む。単発の変更で外観変更と意識変更を完成させる様式もあれば、複数回の変更を重ねて変更を積極的に進行する様式もあれば、複数回の変更の失敗を重ねて混乱し変更を反復する様式等もある。何れの様式も化粧の様な現状復帰する外観美粧と異なり加工的外観美粧には後戻りができない行動を選択する願望を根幹に持つ。加工的外観美粧の方針は個々に特有な思考の部分や身体の部分、又は思考の全体や身体の全体の変容を熱望しやすい。身体変工の機能として「過去の弱い自分に戻らせない自らによる桎梏（制動機）」「自分はこれほどまでの苦痛を耐えられるという証の対外的証拠」「保護者への誡め」等を求める。今現在におき仮他の影響により弱体化している自を圧倒的強者に祭り上げるために人間の持たない性能の付与を祈り、元来とは違う形状に身体変工を求めやすい。形状は祈祷的な意味を持つと自らが設定した図柄や蛇蜘蛛百足等文化的や宗教的に否定される程の奇異なパワーを持つと自らが設定した事物の図柄等が散見される。また苦痛に耐えた証として見せやすい皮膚の加工として爬虫類様加工、変色、穿孔、切除、インプラント、肉食獣様加工、異教のモチーフ様加工等もポピュラーである。

［恐喝的自己破壊］

自己破壊は自己を否定する自己破壊の性能と他者を威嚇する性能を持つ。純粋に自己を否定する場合は内向的な自己破壊活動で足りる。しかし自己否定の原因の幾許かが他者にあると設定した場合は外向的に自己破壊が活用されることがある。他者を攻撃（破壊）するためには自分の能力が他者より高いことが望まれるが自己否定状態では十分に期待できない。自己破壊の異様さを顕示することによって相手を揺動し攻撃するのであれば行為は自己に向けるだけで済み、相手に行為しなくとも完了し簡便であることがある。純粋な自己否定には相手が無いのであるから強弱は自分の程度で調整できることがあり、行為の種類は自分のスキルに合わせればよいことがあり、時期も自分の都合で調整できることがある点で行為しやすいことがある。よって若年層から高齢層までみられる。「摂食障害の一部」「家出の一部」「学業・就業等その時点における重要な事柄の積極的な放棄の一部（ただしアパシーではない）」「不潔継続の一部」「過剰飲酒や過剰喫煙の一部」「自傷の一部」「外出困難の一部」「性的放埓の一部」等が挙げられる。仮他の存否は不明なのでこれに自の否定的な現状を転嫁することは効果が不明だが、それでも自分の責任を転嫁せざるを得ない場合の策である。外観は内向的自己破壊と酷似することが多い。
ただし行為者以外は本恐喝的自己破壊の様相かその他の自己破壊の様相かを判別できないことの自戒を要する。

［ステージ終了的自己破壊］

ステージ終了的自己破壊とは、今現在という時系列内で進行中の自が活動している此の時間帯を終了させるための自己破壊であり、求めているのは「自という主体」や「私という人間」の死ではなく、言わば「このステージを強制終了させる」感覚である。時間の捉え方について先に述べたが時間は過去から現在そして未来に連続していると一般的に考えられるが限定されず「現在という特殊な時間と、過去未来という私が居ない時間とは異なる」と捉えたり「現在だけがあり過去未来は考えない」と捉えたりする思考等もある。この様な時間についての思考の様式においてぶつ切りの時間すなわちステージとしての「今現在」を終了させるだけであり、死ぬという大それた事柄ではないとする感覚の傾向すらある。思考の仕方は自棄的自己破壊とは異なるが、自死または終了するワタシの行為は似る。また「終了」を求めているのであり「変更」は元より思考内に無く自傷過程を通過せずに自死から始まり、行為の起結が同時になることがある。他人から見ると自死に相違ないが、ワタシにとっての自己破壊という事柄の軽重の感覚や自らに起こる現象への感覚には大差がある。

［リセット的自己破壊］

リセット的自己破壊とは、ステージ終了的自己破壊と「終了」までの段階は似るが、「終了」が最終ではなく「再起動」が最終に設定される様相の総体をさす。ゲームをしている最中に、自分の思ったプレーができなかったのでステージ途中でリセットボタンを押し、ゲームを終了し再起動する行為と類似した思考の様相である。死という比類無いはずの行為の重みは死が最終とするため生じ、よって死が最終でない全ての様相は死の重みが減衰する。「在るの継続」に対照的に「無いの裂断」が内在するため死は平時有事を問わず忌避される。自は自らの死を全く知らず全く体験が無いがこのため忌避する。死の虞は内在的であるためこれに対するリセット的自己破壊を呈する様相は少なくとも外在的な素因が誘導する。「生まれ」は「人の生まれ」「種の発芽」の様に明確に始点が見える事柄もあれば、「カビの増殖」「ランナー等による栄養生殖」の様に始点が見えにくい事柄もある。「死」は「人の死」「巨木の枯死」の様に明確に終点が見える事柄もあれば、「コロニーの一部の除去」「雑草原の一部の除去」の様に終点が見えにくい事柄もある。私やワタシは「生まれ」を起点とし「生きる」の中で今の時点に居ると認識しており、私の「死」やワタシの「死」は今の時点では無く、よって死の全ての内容も概要も一人称的に知り得ず不明である。創造は自由である。一般的に「死は最終点」と為すだけで大した根拠はそこに無く、「死は〇〇〇」と為したところで否定も肯定もできずされず為す術すらない。生はそれらしく講釈できるが死はそれらしく講釈し難い。死が実行者にとって「此の時点で終了する」なのか「再起動する」なのかは知る由もないので一方に正、他方に誤を確定できないが、どうあれ一般的に無謀である。リセット的自己破壊を意識した場合、少なくとも実行者にとっては死または死に及ぶ行為に対するハードルは下がるため妄信しやすい。リセット的自己破壊は再起動が同包してあると設定しているので実行することに抵抗が少ない嫌いがあり、自棄的自己破壊や終了的自己破壊より実行しやすく配慮を要する。

ステージ終了的自己破壊やリセット的自己破壊の両方に通じるが、「私」が死んだり苦痛を受けるのではなく、その場面に出てきている自分自身のアバターがランクダウンしたりアバターのエネルギーが0になる程度のエピソードとして死を捉えている事もあり得る。いずれにせよ様々な問題傾向を含む自己破壊の様相である。

［変革的自己破壊］

変革的自己破壊とは、今の時点までの有り様とは違う自に変革する為のきっかけや証拠や記録を自にとって印象的に残す為に自己破壊を行うものである。よって自己破壊とするが死を目標とするものとは全く思考が違う。自死や自傷の様に自を破壊することは目的になく、自の変革を目的としているので方向性がそもそも違う。過去の自分や自分の思考パターン、自分の行動や自分の容姿に対する不足感や不満足感を充足するために、現在の自分が過去の自分と差異を付けるために、過去の自分の一部を破壊する行いや、過去の自分と違う自分となったことを証明する又は確認するための象徴を残す行いである。自らが確認できれば良いので、恐喝的自己破壊の様に、他者から見える部分に破壊痕（印）を付ける必要は基本的に無い。変革したことを自認できれば良いのであるから、自分から見て破壊痕の大きさや破壊痕をつける身体的な痛みや精神的な苦痛が「記録の価値として自らが設定した閾値を超えた」となれば既によい。変革的自己破壊に望まれる条件は「見える記録」「消えない記録」「すぐに確認できる記録」「確認して再び鼓舞できる記録」等が挙がる。具体例としてはピアスの類の装飾行動ではない穿孔行動や、鉛筆等で足等を刺し黒い点をホクロ状に残す行動や、些少な入れ墨（自分で書き込むことが多い）や、一部の抜毛行為（頭部に限らない）等がある。過去の自分であれば耐えられなかった痛みや、行おうとは思わなかった容姿変更や、自己内倫理に抵触する事柄など「その様なことをすることはできない（しない）」として行わないようにしてきた事柄を行い、現在の自分が過去の自分を超えたと自認する痕で足りる。仮他である他人に見せることを目的にしていないので、現在の時点の自が過去の時点の自に仮想的に決別し、新しい自にリニューアルしたことを宣言することに重点が置かれる。自己破壊という印を残したいほどの自にとって大きな自己変革である。変革の方向性は、現状からの変革を期待する向きであり、自に対し先進的な事柄があれば後退的な事柄もある。現在の在り様から変革を求めるものであり現状回復の期待等の良悪判断の相対的な位置の変更の期待ではない。自の内部で起こった変革の期待であるので相対的すなわち仮他との比較に依拠しないからである。「一般的に示すところの良い方向」を目指すものがあれば「一般的に示すところの悪い方向」を目指すものも当然ある。自己内倫理に比しており他者倫理に無関係である。

「自は何で思考するか」

自は思考しているから自である。思考しているから自であり仮他との判別を可能にした。私の場合1967年の年始2歳の冬、弟の出現予定を聞いたあのときに自と仮他の存在に気付いたことは先述した。稚拙な語彙しか持ちえず無論文法も貧弱な状況下であり言語での思考など全く不能だった。母が弟の出現を私に伝え、そして自転車が動き始めるまでの数秒間に自分の自に思いを馳せた。あのときは明確に言語ではなかった。非言語であった。今現在の時点の書き言葉は詳細を記せないので、ここで文章表現した分量よりももっと多くの事柄をあの短時間の中で思い反芻し驚愕していた。あの時点も現在の時点も自はその時点の状況に応じて言語と非言語を適正に呼応し使う。

本論の私の自の思考を言語で表現した部分は全て一人称により表記したとする。すなわち自は少なくとも一人称で思考する。当然ながら「アナタは自を思考しない」。当然ながら「カレは自を思考しない」。自は一人称のみで帰結している。

［思考の速度］

日本語で物事を考えていると、その速度は話している場合と大差はない。昼に頭の中で「カレー食べようかな、うどんにしようかな」と考えるのにかかる時間と、言葉に出してそれにかかる時間は大差ない。日本語を用いて考えるときについては思考であっても発言と同程度の時間がかかる。もし、弟の出生予定のことを聞いたときに私が日本語であれやこれや考え、最終的に母が仮他であることの確認や私は自であることの確認をしたとすると、母が自転車に乗り動き始めるまでの短時間ではあまりにも不足した。

私はあの時も日本語の語彙を用いて考えてはいない。日本語の文法にしたがって考えてはいない。非言語で思考していた。「自」「仮他」「現実」「事柄」「差」「相異」等の単語やそれらの羅列はその後に回想した折に付けたに過ぎない。元より当時は今現在に比べ語彙が圧倒的に少なく脆弱である。「自」「仮他」「現実」「事柄」「差」「相異」等のイメージを当時持ち、その後に日本語文化圏で生活し文化や言語を習熟する中でイメージにそぐう、これら単語を知り得、そして今の時点で既知となった語彙をあてがい記録し伝達している。

自を思考するときも、仮他を思考するときにも言語を必ずしも必要としたり要請したりしない。言語は記録する時点や伝達する時点に要請するが思考時に必ずしも要請せずともよい。言語は「ココ（此処とほぼ同義）」で「ソノジテン（その時点とほぼ同義）」に生ずる全ての事物を記録や伝達するに足りる語彙を準備する。思考は自なので「此処」すなわち各種「場」の設定の必要はなく非言語で足りる。日本語等の文法や規制および語彙量に従わなければならない「いわゆる言語」は制約が多いため思考の速度に足りない。道を歩いているときに「右足出して、左足出して」とも考えず「信号が青だから歩き続けよう」とも考えず「今日は少し寒いな」と日本語では考えずともよい。しかし右足左足、信号が青、寒いことを瞬時に思考し判断している。「右足左足」の事柄と同時に「自動車がすぐ横を通過した」事柄と同時に「前の方を仲の良さそうな親子が歩いている」事柄と同時に「うるさい程のセミの声」の事柄等の様々な事柄を同時に考えていることもある。この様な様々な事柄に対して、いちいち語彙を揃え文法に照らし日本語を調整し、頭の中で唱えながら歩かずともよい。

活動している時点においては「積極的に思考している時間」と「全く思考していない時間」だけでなく両者のグラデーションの中で居る。活動している時点においては「言語を用いて思考している時間」と「言語を用いないで思考している時間」だけでなく両者のグラデーションのそれぞれの中で、「感覚を積極的に受容している時間」と「感覚を消極的に受容している時間」だけでなく両者のグラデーションがあり、その中で居る。

無論この観点以外の時間の経過も多様にある。活動は多様な様相を呈し、思考も多様な様相を呈しており、その時点の自の状況に見合う思考を行い、その時点の仮他の状況に見合う思考を行っている。その時点が言語を要請すれば言語を用いた思考を行い、その時点が言語を要請しなければ言語を用いない思考を行う。速度を要請するために非言語の思考を用いることもあれば、非言語の思考であるため速度の速い思考となっていることもある。伝達を要するために思考に言語を要請することもあれば、記憶を要するために思考に言語を要請することもある。これらは互いに独立して為すこともあれば、併用して為すこともある。思考の速度はこれらのいずれか、または併用によって逐次変化し自や仮他を思考するに際し最適な状況で為す。

「思考は言語の速度を越える」

全ての行いすなわち活動は思考によって生じるといえば生物学的に「反射はどうか」「本能は思考か」「自律神経の作用は思考か」「無意識は思考か」と多様な問答が出そうだが、ここで生物学の問答はしていない。別扱いが適当である。全ての行い、すなわち活動は思考によって生じている。

文字を書くも然り、歩くも然り、上げるも然り、下げるも然り、見て知るも然り、聞き知るも然り、味わい知るも然り、嗅ぎ知るも然り、触れ知るも然り、行動活動であれ、知的活動であれ、内向活動であれ、外向活動であれ私は思考しこれらを為している。

全ての活動は思考によって成る。只今私が京都府某所の西向きの窓に面した食卓で拙文を書いているが、スーパーで買ったビスケットを食べ、若干眩しい外の道を走る車がチラチラ見え、うるさいエンジンの車が前の道を走り苛立ち、家の下の道を覗き、時計を見て2023年3月12日（日）15時24分46秒に気付き、本日の目標作業量を下回っていることに焦り、花粉症でくしゃみをし、水を飲み、キーボードからこの文を打ち込み、息子が猫を抱いた写真を見、にやりと笑い、また文を打ち込み・・・。このほかにも、下の道を覗き込んだときに山の草が伸びている事にも気が付き、窓の直近のイチジクの枝に鳥がいたこと、それがヒヨではなかったこと、道をAEONに向かって歩いている年齢不詳の人がいたこと、一瞬強風が吹いて土煙が舞ったこと、目が痒かったこと、2枚の長袖シャツで暑いと感じていたこと、カッターシャツの手首のボタンを外したこと、網戸の汚れを見たこと、昨日洗ったピンセットが乾いていることに気が付いたこと、その他にも非常に多くの事柄を認識し、非常に多くの細かな動作を5秒程度の間に成した。これら累々の事柄の少なくとも認知は全て思考が為している。またこれら累々の事柄のうち明白に言語で為した事柄は車が前を走った際の「うるさ・・・」の独り言の部分のみだった。「うるさ・・・」の他の事柄の全ての行いすなわち活動は非言語の思考であった。この非言語の思考を逐一言語とすれば、この「スーパーで買った・・・」から「ピンセットが乾いていることに気が付いた・・・」までに書いた文字列を読み上げる活動は5秒で完了しない。先述5秒の中には前記事項以外にも感覚した事も多くあれば前記以外にも思考した事もあまた多くある。

私の所持する言語の語彙は、私の行いすなわち活動の全ての種類を網羅はできない。私の所持する言語の速度は、私の行いすなわち活動の全てを網羅する速度に達していない。私の行いすなわち活動の多くは言語化されていないし出来ないが、歴然と在る。思考も然りその多くは言語化をされていないし出来ないが、歴然と在る。此れと言って目立ったことをしていない此れを書いている今現在の時点だが厖大な行いと厖大な思考が繚乱している。その中の極一部が言語化されている場合がある。すなわち思考は言語の速度を超える。

[言語で表現していない状況]

自は思考そのものであるから自のみでも思考し、また仮他を想定して行動をも含めたとしても思考が底流にある。為すこと全ての裏付けとして思考がある。この内、特定の場合は言語表現し別の場合は言語表現しない。先述の様に言語は思考や行動を網羅しない。「右手を上げましょう」と言いながら又は思いながら右手を上げることはいともたやすい。同様に「右手を上げましょう」と言わないまま又は思わないまま右手を上げることはいともたやすい。言語表現をするしないの差異は何の基準によって判別され行われるのか。言語を用いる思考もあれば、言語を用いない思考もあれば、言語を用いる行動もあれば、言語を用いない行動もある。各々いくらでも提示できる。

言語を使わない思考は当然ある。また同じ思考であってもあるときは言語を用い、別のときは言語を用いず、同様に同じ行動であってもあるときは言語を用い、別のときは言語を用いない。よって思考の種類によって判別されるものではなく、同様に行動の種類によって判別されるものでもないことは明白である。判別の基準は主体である思考や行動の種類に無くその時点の状況に基準がある。

基準となる状況の主たる事柄は二つある。一つはその思考を他者に伝えることを重視しているか否かである。思考は自内であり仮他にない。自の思考は仮他にとっては完全に把握できない。自が他者に思考（または思考の一部）を伝達するためには言語を仲介する。無論表情や身体表現等でもかまわないが言語はより詳細に伝達できる。他者設定の必要がない思考は言語を要請する必要がないから使わなくともできる。この文章を書いている時点においては、私は仮他を想定しているために言語を使いワープロによって言語を打鍵している。しかし一瞬窓の外を見て山の緑が目に入ったとしても私は「ヤマヲイマミテイル。ヤマハミドリイロニナッテキタ。ナゼナラキオンガタカイハルダカラデアル」等とは言語を使わない。眼は緑を把握し思考は緑を認識し気温の上昇を思ったりもするがいちいち逐一言語化などしているわけではない。

基準となる状況の主たる事柄のもう一つは思考の記録すなわち保管である。思考の記録は「思い出」という機能でも為すが次第に朧気と化す。言語は思考中の重要素を特定できる。言語は思考中の重要素を固定できる。言語は思考中の重要素を記録できる。言語は思考中の重要素を保管できる。よって言語は思考中の重要素を不動のものと成せる。夏の夜に何げなく足をボリボリ掻くとき「蚊」と言語化すれば掻いた原因は蚊とされ記録し保存され、他の「アレルギ」「毛虫」「治りかけの傷」等の全てを排除し確定する。これは発展して文字化されたりもする。記録された文字等の言語は思考を網羅しないわだかまりはあるが、元より言語化されなかった思考の部分は言語化を必要としない程度の重要度と判定し言語化しなかったのであるから、言語化から外れ忘却されたところで大勢に影響はない。あれば新規語彙を補填すれば足りる。

よって総じるならば言語で表現していない状況は、仮他の設定を必要としない状況、または言語化による他者への伝達を必要としない状況、または言語化による事柄の固定化を必要としない状況、または言語化による記録を必要としない状況、または言語化による保存を必要としない状況が候補として挙げられる。候補としてと誤魔化したのは「ひとりごと」という不可解な言語化もあるからである。夜に一人で仕事をしているとき部屋に誰もいないにも関わらず「腹減ったなぁ」と呟く私がたまにいる。もちろんおなかが空いたという現象など後世に記録するに値するエピソードではない。不思議なこの様な事柄もある。

[言語で表現している状況]

言語で表現している状況を探るとき、言語にしかできない状況や言語にしかできない能力より考える。先に述べたが自が自内を思考するときには言語は要請せずともかなう。言語が必要となる一事例に正確を希望する情報伝達がある。曖昧な伝達は言語外でもよいが正確を希望する伝達には言語を要請する。言語を必要とする状況では言語を用いるが必要としない場合にあえて言語を要請しなくとも当然よい。言語が必要となる別事例に記録も先述した。記憶には限界がある。量的な限界もあれば質的な限界もある。質的な限界とは喪失と変質と語彙の未設定である。喪失とは記憶漏れと忘却のことであり単純である。変質とは記憶者が記録すべきことを曲解または誤解し変化してしまうことや時流中で変化することを指す。語彙の未設定とはその事柄に対して利用言語中に語彙が無い状況下と文法が無い状況下と状況そのものが文化的に設定されていない状況下を指す。言語のうち文字は記述の時点で記録すべき事柄を表現力の範囲のみで固定できる。過去から現在、または現在から未来への一方向性を保ち時間を超えて記録すべき事柄を保存できる。当然文字という形態もあれば別形態の記録メディアもある。

自内での思考は言語を使わずともできると述べたが例外がある。自内の思考を自に説明するときには言語を要請するタイミングはある。思考が滞りないときには、思考は言語を要しなくてもよい。「ひとりで何も考えていないとき」という状況であっても何らかの思考がある。滞りない思考を、矛盾や気付きや変化等の「何か」が滞らせたとき、自は自に説明するために「何か」を言語化する。矛盾や気付きや変化等が自の思考に不安定（恐怖や不安等と限らない）を生じた。自は在り本来安定であるから自のみでよいが自の思考は流動しているため矛盾や気付きや変化等や不安定は生じる。不安定の根拠としての仮他の出現である。この仮他はいわゆる他人のみではない。自以外の全てである。自の感覚を含み先である。仮他は自の想定であるか、存在するかのいずれかである。自が自以外を分離したのであるから仮他が設定され、それは自ではないので情報伝達をするためには言語が要請される。

記録は自内の記憶でもできる。しかし言語を用いない記憶は確定ではなく曖昧である。殊に五感の記憶はあいまいであり、そもそも言語表現はそぐわない。言語を要する記憶の要請要件とは知識の様に既に確定された事柄への記憶の連結と固定、または計量された事柄への記憶の連結と固定が基本的に該当する。これらは恣意的な変更や各種影響による欠落を嫌い避ける方針に沿う。確定するために言語を用い事物が包摂する意味の流動性を制限し、意味のグラデーションを語彙の持つ範囲に制限し、時間を超えて事柄の残す要請のある部分の意味を後に残すためその時点での有り様を言語の表現できる範囲で記録する。

言語で表現する機能は「他者への伝達」と「記録」とした。「他者への伝達」とは総じており内容は多岐に及ぶ。ひとつの契機は自が「私の相手としての他人等」として仮他を想定した事柄である。「ヤマヲイマミテイル。ヤマハミドリイロニナッテキタ。ナゼナラキオンガタカイハルダカラデアル」の例で述べたが自は多くの思考を非言語で行う。この文を裏付ける思考は他者への伝達を要請しないから言語化しなかった。しかし此の時点で「遠地に居住する父親」という「私の相手としての他人（私ではない人間）」の設定を要請したとすると思考の様相が変化する。遠地に居住する父親に電話で伝えようと思い立った折には「山を今見てるんやけど、前の山は緑色になってきたわ。気温が上がってきて春やなぁ」と非言語の思考を言語化して父親に伝える。この時点の直前までにおいて私の自は父親という仮他を設定している。仮他が「私の相手としての他人」という機能を持ったので、この時点において言語が要請されて生じた。

こうして設定された父親に自の思考のうち、是非とも伝えて共有したい重要な内容として「山」「今」「緑」「気温」「上がる」「春」という事柄を接続し、さらに直接見せてあげられないけれど、まさに今のこの暖かい早春の雰囲気や空気までも伝えようとして「んやけど」「てきたわ」「やなぁ」等の感傷性を帯びた文字列を付加し、遠地の父親に春を伝えつつ、今ここに父親がいるかのように自分も感じようとしている。これらの一繋がりの思考を言語に押し込もうと楽しみ励んでいる。

言語は周囲に展開されている事柄を要請に応じて表現できる分だけ準備して在る。新たな経験をし、かつその状況を伝達や記録する必要性があれば新規の語彙を積み上げる。個人に限らず各レベルの集団には周囲に展開されている事柄について伝達または記録する必要性がある部分にのみ語彙が対応してあるが、必要性が無いまたは省略可能な事柄についての語彙は準備されていない。山の色の「緑」という言語はあるが、「赤光3%、緑光80%、青光17%」等の色に特定の色名は全てのグラデーション各色に準備されていない。総じても問題がない範囲の色は総じて事物の名が付される。「黄緑」「ウグイス色」等の特定の名称は集団に必要であったから特定の色名が付された。全ての「赤光x%、緑光y%、青光z%」の色に色名すなわち言語が1対1対応していないことと同様に、周囲に展開されている全ての事柄に言語は1対1対応していない。伝達や記録する必要性がある一部の事柄に言語が1対1対応するために準備される。

「人は人の言語を特別視していないか」

人間は人間の言語を特別視し優遇するきらいがあるが、どの点が優遇の根拠なのか。鳥は「近隣に危険があるときに仲間に知らせる声を持つ」「雛は親に食事をねだる声を持つ」、虫は「異性を呼ぶ音を持つ」「異性を呼ぶ光を持つ」、猫は「威嚇の声を持つ」「人に要求を通す声を持つ」。人は「危険があるときに仲間に知らせる声を持つ」「異性を呼ぶ声を持つ」「人に要求を通す声を持つ」。人の声と他のモノの持つ声等に大した差は無い。文法と言いたいのか。語彙数と言いたいのか。必要な単語があれば必要な情報は連絡できる。必要ある単語は生じ、必要無い単語はそもそも生じない。鳥も虫も人間もその時点で必要な意味に対してだけ、必要な単語や文法が生じている。優劣というよりも必要不必要である。

文字はどうか。人の文字のみ次世代に情報を伝えることができる比類無き優れたアイテムであるとするか。人の書く「集会所」の文字とゴキブリの発する伝達アイテム「集合フェロモン」は大差あるのか。人の書く「歩行者専用道路」の文字とアリの出す伝達アイテム「道しるベフェロモン」は大差あるのか。

「心があるから言語がある」や「言語があるから心がある」と何やら全くの別物である「心」と「言語」を特別的に関連付けし、それを根拠（何がどの様に根拠か不明だが）に人間を特別視するが、果たして有効な解説なのか。イルカは人様のような文字言語を持たないが、船と戯れることがあるが、あそこに「楽しいという心は無い」といえるのか。猫は人様のような言語を持たないが、猫撫声で人に背中を掻かせるが、あそこに「気持ち良いという心は無い」といえるのか。犬は人様のように言語を持たないが、犬とボールで遊ぶことができるが、あそこに「有意義だという心は無い」といえるのか。

言語とは情報伝達の手法である。事物が情報伝達のメディアとなる為に空気の振動を用いなければいけないという規定も無く、文字を持たなければいけないという規定も無く、文法書がなければいけないという規定も無く、語彙数が特定個数以上なければいけないという規定も無い。

言語という語句を用いたため、言語は「複雑な対話のツール」「複雑な組合せのできるツール」「文字（記号や数字等を含む）を含む複雑なツール」「文法をなす複雑なツール」のコンプレックスであると自負して止まないが、言語はその機能上から思えば「伝達の要請に応える機能」「記録の要請に応える機能」が主であり「複雑な対話を実現できる機能」「語彙を組み合わせる文法を実現できる機能」は従である。人間様は虫けらにインタビューもせずに「虫けらは何も考えてなどいない」と無批判に安堵したがる。虫は虫けらなのかもしれないが虫様なのかもしれない。これを調査すべきだとは一言も掲げていない。わからないものを自己都合で自分の好みへの誘導に用いるのは如何なものかと疑念を持った。

［言語は思考を網羅しないし、言語の範囲を超えて思考できる］

言語は思考を提示するのに便利であるが状況を網羅していない。周囲に展開している事物は余りにも多様であり余りにも詳細にわたり余りにも滑らかなグラデーションで変化している。よってそれらを網羅する語彙は準備されていないし準備の仕様がない。周囲に展開している或る事柄に着目したときに、それまたはそれの情報を他人と共有する必要性が有り共有されていたならば既に語彙にある。共有する必要性が未だ無く、今回生じたならば今回新規に語彙に登録することになる。似てはいるが個々に違うとなす事物があるならば、それらには別の単語や文法等が必要となる。見つけた生き物が新種であったときに新たな学名が付されることと似る。既知の生き物とほぼ同じであり他人に報告するまでも無ければ従来の名称が通るが、差異を他人に報告する程度の必要性があるならばその生き物に新規の名称がそのとき設けられる。この名称すなわち単語や文法は見つかった後に状況に応じて設定される。この作業が周囲に展開している無数に多様として存在する各々に対し有限の時間内に準備されたとするのはいささか無理がある。

環境、または周囲、または仮他は、必要とされる詳細にわたるまで、詳細に準備されるためにそれを網羅する語彙は予め準備されていない。まさに今2023年3月15日23時38分、私がいるテーブルの反対側に息子の椅子がある。「この椅子」これは概要として「椅子」である。しかし実は「この椅子」は「椅子」の部分と「座布団の部分」からできている。さらに「椅子」の部分は「ほとんどを占める椅子の木の部分」と「木と木をひっつけている接着剤の部分」からできている。さらに「ほとんどを占める椅子の木の部分」は「木の部分」と「木の部分に付いた付着物の部分」からできている。さらに「木の部分に付いた付着物の部分」は「土埃と呼ばれる部分」と「息子が張り付けたシール」と「手垢」と「綿埃」と・・・の部分からできている。これを連綿と続けていくならばそこには表現し相手に伝えるため必要となった言語として「椅子」「座布団」「木」「接着剤」「付着物」「土埃」「息子」「シール」「手垢」「綿埃」・・・と詳細を目指す度毎にそれに連関して発生する言語を探索する。椅子の隅に「見たことも無い黴」があり着目すれば新規言語が追加される。椅子という物体についても然り、色についても然り、音についても然り、全ての事物について然り。あまりにも滑らかに変化しているためにそれを網羅するすることはできずそもそも語彙は準備されていないこともある。これらはそこに有る物の詳細についてである。そこに有るものは見えるために見つめることができる。見えているときには漠然とし踏み込まないが見詰めたときには踏み込むため分析が始まるため飽きるまで詳細を追ってしまう。視覚のみについてではなく他感覚も同様である。聞き詰めたときにも、触り詰めたときにも、嗅ぎ詰めたときにも、味わい詰めたときにも飽きるまで詳細を追ってしまう。感覚はリアルタイムに情報が提供されているために追う必要のある箇所がその時点でそこに有るため追え、追う必要のある深度の要求のままにその事物がその時点でそこに有るために追える。記憶は有る物と異なり儘ならない。記憶はリアルタイムではなく、主観でなく、其のモノではない性状がある。

［言語を使用する時期と、使用しない時期］

「ヒト」を定義するときに「人は言語を操る高尚な生物である」と倣るが、猿でも鳥でも魚でも鈴虫でも蛍でも自分の思考を他者に伝える行動を生物の都合の範囲で十分に為している。大して高尚な行動でもなく珍奇な行動でもなく、その様な思い込みである。文字言語は記録や保存という実効があるため「人は時間を理解しそれを表記し実現している」と傲り昂りたいが無念にもリスは穴を掘ってドングリを埋めて後から食し、百舌鳥は速贄を作成し後から食し、我家のミドリガメは冬眠を見越して秋から大食す。リスも百舌鳥もミドリガメも「後の事柄」を把握できる。ただ文字使用の可否は未知である。しないのではない未知である。「あいうえお、ABC・・・」と文字記号を書き記すモノは人以外を観ないが、越冬時に集合フェロモンという伝達物質で互いに情報交流をするカメムシはいる。蛾も蟻も似たような交流をしている。蜜蜂に至っては踊って情報交換をするとも聞く。「あいうえお、ABC・・・」ではないが「モジ」と機能概念は同一であり差異無い。人以外の生物と意思疎通できず不明なため人についてのみとりあえず述べる。

言語を使用する時期については仮他の想定を要請されたと述べたが、若干正確性に欠けるので次項で詰める。言語を使用しない時期についても同様に別項で詰める。

［言語を使用する時期］

思考の形態は、自が既に在る時点から「自」の総体で、仮他を存とするならば「自の周囲に展開している事物」の総体も包摂し、よって一概にいえず多様である。各事物は似る似ないの度合に属することもあり、同じ違うの対比に属することもあり、比す対象に属さないこともある。特定の観点により分類可なこともあれば不可なこともある。他にも多様な連関性があり得る。思考を言語使用または不使用で分ける事柄もあれば、多様な連関性のうちの一つに過ぎずこの観点で分類するに能わない事柄も当然ある。特定の集合とその補集合の関係と限らない。

言語とはあるものと他なるものが居り、この間で行われる遣り取りの一形式である。「あるものと他なるもの」とは「ある人と他の人」「ある人と他の生き物」の生物種による分類でも構わず「主観的な私と客観的な私」の同一人中でも構わず「今の私と過去の私（今の私と未来の私や、過去の私と未来の私の連関も類似）」の様に時差で自分を分けても構わない。他の分類でも全くもって構わない。遣り取りの方法は音や声等の話し言葉でも構わず、文字や記号等の書き言葉でも構わず、表情や身体表現でも構わず、臭物質や味物質等の感受でも構わない。他の事物でも全くもって構わない。同じ時間に属する二者間であれば伝達といい、異なる時間に属する二者間であれば記録という。

また言語とは周囲に展開している事物の説明のメディアでもある。平時に気楽におれば周囲に展開している事物について得られる五感からの情報は感覚した後に程無く思考から消散する。平時で気楽な時点では大概の事物は自に対し重要性が低い為である。自が疑問を抱くや注視する等した折、思考はそこに何が生じたか等を確認するために言語を使用することもある。言語化しない思考は高速に処理するが特定の事柄に集約し難く限定し難い。時々刻々と対象は変化し、自の要不要にそぐう。疑問は説明の要請である。説明とは事物の様相を既知の概念に沿わせることである。漫然と互いに違う複数の事物に特定の共通点を探すには漫然さを排除し明確化し、加えて部分の精密化を図る。漫然とは整理されていない多様性である。多様性の各部分には大いに意味があるが「今現在の時点の私（いわゆる自）」に注視すべき意味の有る部分もあれば無い部分もある。言語はこの多様なる各部分からそぐう部分のみを抽出できる能を持つ。度合のグラデーションもそぐう範囲に特定の名称を付け、あるもの（すなわち自）が他なるもの（現行の自が想定したものの全て）に説明ができる。

また言語とは事物を記録するメディアでもある。記録は保存ではない。保存は事物を総じて残す行為である。記録は事物の各要素を吟味し注視すべき意味ある部分を残す行為である。事物から疑問を生じた部分を言語で選別する。注視すべき部分の意味に沿う既存の言語で表現する。よって自は事物に対し記録を要請した方針で要素を残すので総体ではない。当然だが五感からの情報の様に元来より言語化にそぐわない事物または事物の部分は言語化せずに記憶する。

［仮他との対話］

話し言葉も書き文字も伝達を能に持つ。論者の場合、「話」すなわち会話を利用し始めた契機は幼児期のエピソードで母が私に話しかけてきた事柄だった。対象者は国鉄に勤め業務に忙しかった父ではなかったし、別に住んでいた祖父母ではなかった。先述3歳離れた弟が母に出来たことの告知を受けたときに私は母の話し言葉を理解したが少ない語彙中での聞きに近い聴きであった。母が自分の思いを私に伝達できるように話し言葉で根気強く繰り返し話しかけ、その甲斐あって私はその音が意味ある声と分かり周囲に展開している事物と対応していると気付き、母の声を聞き情報を受け取ることができるように発達した。これが論者の場合の初期における言語獲得と使用である。それから後に今度は自分の思考を母に向けて伝えることを要請したために私が発語するようにした。母の思考を言語として聞き取る能力の獲得と、私の思考を言語として発語する能力の獲得の両方をもって他者との思考の「一部」の交流を実現した。

では、書き文字の記録としての能はどうか。平易に私が手帳に書き込む場合をあげる。私の手帳は私が書き私が読む。本項では論者の言語使用のみを扱い他人のそれは想定していないし想定できないのでしない。後に「他人」に読まれることも想定していない。となれば仮他の想定をしていないと反論されがちなのであらかじめ述べるがこの場合も仮他の想定はしている。自は此の時点の思考である。例えば2024年2月16日21時33分の「私」の思考である。この思考が「私」の手帳にプライベートな事項「○△□・・・」

を書き文字で記録したとする。この「○△□・・・」は他人への連絡ではない。この「○△□・・・」は「数日か数年後かの私」に宛てて書いている。「私」から見て「数日か数年後かの私」は明確に区別ができる。「今の私」と「(今の私から見て）未来の私」である。両者は時間の経過とともに得た経験によって発達等したすなわち変化を遂げた区別可能な存在である。「今の私」を自とすれば、「数日か数年後かの私」は「自の想定」であるから明確に仮他である。よってプライベートな記録も仮他への伝達である。自とは思考であると述べている。未来の思考は現行の思考とは当然違う。自が分断しているのかと夢想せずともよい。自は思考でありそれ以上でもそれ以下でもないと述べるに過ぎない。

［説明とは］

平時の思考は自由である。何を思考しても構わず、何を想像しても構わず、何時を思考しても構わず、何時を想像しても構わず、何処を思考しても構わず、何処を想像しても構わず、どの様に思考しても構わず、どの様に想像しても構わず、すなわち何事に囚われなくとも構わない。平凡然りでよく、特異然りでよく構わない。思考が仮他への伝達や記録を要請した折は言語を用い、それ以外は用いなくとも構わない。よって思考の大勢は言語編成の労や制限から解かれ迅速や多様に無限のグラデーションを発揮できる。言語による思考は、語彙の範囲に拘束され、語彙またはその組合せパターンの範囲を越えず、語彙と語彙の間のグラデーションが脱落している等の数多の欠点または特性を持つ。故に伝達や記録を要請しない折には言語を要請しなくとも構わない。ただし伝達や記録を要さない平時でありながら言語を要請する事例はある。「説明」である。

説明とは説いて明らかにする行為である。他者に説明する場合もあるが、自分の考えを纏めたり自らの正当さを考慮や確認等する為に自分に対して行う説明もある。言語の思考も非言語の思考もそれぞれに固有の特性を持つ。非言語の特性は機敏性、多様性、想定次第のグラデーションの滑らかさ等がある。言語活動が非言語活動に比して持つ特性は伝達能、記録能、特定能等がある。特定能とは一対一対応性である。誤読が無ければ、また恣意的に歪曲しなければ特定の事物に対し該当する語が在るか準備される。この特定の事物は「自が所持する語彙中に該当する事柄の特性に対応した表現があると認識できた」後に、この現れにより固定され不変となる。思考は随意的に自由であるが、それと無関係に流動するともいえる。自由を保障するためには随意とは無関係でなければならず、事実その様である。状況をより精緻により限定的に捉え「何事が起こっているのか」を状況に見合った程度に確定することを要請する場合は随意性を部分的に棄損するが言語化する。事物とは「自内の事柄」と「仮他内の事柄と物」からなる。自内の事柄すなわち思考は拘束が元来無いので自由であり制限は無い。科学を論じているのではないので「大きい」は「制限を受けず大きい設定」が可能であり、「小さい」は「制限を受けず小さい設定」が可能である。大小に限らず全てのグラデーションに何らの制限も設定されていない。デジタルと表現する様な飛び値でも構わずアナログと表現する様な連続値であっても何ら構わない。連続といえば聞こえは良いが曖昧模糊ともとれる。自が制限を受けず連続の中で思考しているので、自は自の状況内で思考する。計測をする状況で断定する状況でもよく、計測をしない状況で断定しない状況でも何ら構わない。よって思考は断定を要すれば限定できるが断定を要しなければ曖昧模糊ともできる。説明は先述の通り説いて明らかにすることである。多様な事物に包摂されている自由で制限のない目的の要素を、ある特定の所に限定したり特定の範囲に限定したりし不変の量や不変の概念に押し込むことで説明がなせる。自が説明を要請し、それに自が応え、事物の要素に特性を持たせただけであるから、仮他の持ち出しは要でも不要でもない。

［周囲の事柄を纏めるための説明］

自が主体なので思考は全てに対して自由である。誤解無き様に先だって次を断る。「社会の規範を崩壊させるのか」という問いは自と仮他の正確な区分けをしていないために生じている。「自は主体なので思考は自由である」と述べているので行為者は自である。よって「自は主体なので」までは当然である。「自は主体なので思考は自由である」の中に他者や仮他という語句は一切無い。よってこの文においては仮他の設定は無く自のみの範囲の論述である。仮他はこの論述の外にあり「規範」は自と仮他の接点に立つものであり自のみに立脚しない。仮他は存在しないと一度たりとも述べておらず出来ない。仮他の存否は不明なのであるから、仮他の想定を成したときには自と仮他の間に自動的に規範が成ることは述べるまでもない。

以上先だって断り述べる。自は主体なので思考は自由であり周囲に展開している事物を自の要請のままに感覚し事物を思考する。自は周囲に展開している事物を感覚するがそこには「注目する事物」と「注目しない事物」がある。平易には山を見ている状況を想像すればよい。山に一点白い部分が見えたその時点において「何?」が要請され、それに対して「桜かぁ」が思考される。山に注目する事物が生じてその部分に付いて纏めるときに「桜かぁ」という言語が生じる過程は「周囲に展開している事物」全事象に「山に」「白い」という感覚された要素で注目する事物を検索し、纏めた事柄を他と違い特定の物として確定するために「サクラ(意味を帯びさせた音や記号)」という言語を対応させる。特定の事物に限定できないときには「何だろう」という言語を対応させる。注目した事物には強度が強ければ意味が特定能により固定され、伴い言語化もできる。対象の性質と全く異なる白い紙でもなく、対象としてあり得るかもしれない白くなった杉でもなく、滑らかなグラデーションより想起された白チューリップでもなく白いが少し赤いチューリップでもなく白いが揺蕩う雲でもなく、白い蝶でもなく、これらすべての事物から区分けして固定するために一対一対応として「桜」という言語が準備されることにより「山の白い部分」と「桜」が自内で連関した。自は自に対して「サクラ」や「ナンダロウ」を確定するために言語を要請することがある。

周囲に展開している事物はあまりにも多様であり、あまりにも詳細にわたり、あまりにも滑らかに変化している。これらに逐一応対するのではなく自は必要な部分に対して必要なだけ反応し、必要なだけ思考しその部分を確定する。その折、無論大概を範囲として把握することもあるが、やはり総じて一対一の言語を定義し事柄に適合し応対する。

［自内の事柄を纏めるための説明］

自内で行われている事柄は思考に伴う全ての事柄であるから多様で厖大である。周囲に展開されている事物は当然自に影響するが全ての事物を逐一思考することはなく、取り上げた事物について思考に附しそれ以外は思考に附さない。思考に附す事物について伝達が要請されれば言語化し、記録が要請されれば言語化し、説明が要請されれば言語化する場合もある。記録では事物の記録すべき部分が言語化に該当すれば言語による記録を行うが該当しなければ非言語で記憶する。五感情報は言語化する際に自が要請した重点が欠落したり変質しやすい。重視した事柄でも非言語で自内で纏め記憶することも当然ながらある。同様に自内の思考も言語化による単純化やグラデーションの統合化や明確化が有効であれば言語化するが、該当しないならば非言語で思考される。「ワタシハナニヲスレバイイノダロウ」を「私は何をすればいいのだろう」と唱えながら思考もすれば唱えず思考することもある。ただし、自は自動的に活動しているのではなく主体的に活動していることは明らかであり、自は自以外によって受動的に活動しているのではなく能動的に活動していることは明らかであるから翻弄ではない。自が思考して自内の事柄を纏めて自が行動する。野卑だが世間で言う「○○に翻弄される」のレベルと界が異なる。不安がらずともよい。

[自に対する説明]

自とは私の思考であることは既述した。自に対する説明をする主は当然ながら自である。

説明とは事柄を他者によりよく解る様にする意味を持つ。ある人Aが別の人Bに事柄Pを説明する場合、AはBよりPについて知識量が多かったり知識質が豊かである。AとBが同一の知識量や知識質を持っておれば説明は要請しない。説明行動がある場合AとBは少なくともPに対して異質である。異質を補完して望む限り同質までを目指す。

「自に対する説明」においてはAは自でありBは自である。一見説明行動が成立しないように思われる。同質のAとBであってもPが曖昧であれば時としてPの精密化を希望したり、Pのグラデーションを段階化したり、Pを概括したりするためにAが他者Bを想定して立て、すなわち仮他Bを作成しAの持つPについての知識量や知識質の改善を図るためにあえて説明行動を自内でする。無論この様な婉曲を常にはする必要が無く、自の要請があれば為す。一つの要請は「自内の事柄の説明」である。解説や詳説や換言等である。自の思考は自由である。時に依らず、状況に依らず、易難に依らず、重要些末に依らず自の儘に要請する。さらに非言語も含むために自の想起であっても状況によっては自が把握できないことは有り得る。この時点に不安が生じれば説明が要請される。一つの要請は「自の説明」である。自は自身であるから自明が多いが「自分は・・・?」の様に自分自身についての問いや各種の自への問いは深刻さよりもたらされるので既に頓挫している。解説や詳説や換言が要請される。

［自内の事柄の説明］

思考は多様であるが、ここでは言語を使用するしないを観点に分ける。ただし言語使用するから重要であるとかしないから重要でない等、価値の軽重による分類ではない。思考における言語の機能は他者への伝達、事物の記録、説明である。更に説明は周囲の事柄を纏める為の説明と自内の事柄を纏める為の説明に分けた。ここでは自内の事柄を纏める為の説明を更に自内の事柄の説明と自の説明に分類する。

自内の事柄の説明と表したが自のみでない。自が既に内部に持つ事柄を正確性を求めるために言語に依存することや、一般化するために言語による統一を図ることを指すので厳密には自の内部に既に在るがかつての起因が仮他の場合も包含する。よって仮他への伝達ではなく思考の起から末までが自内で行われる思考である。自内の事柄の思考は言語のみも非言語のみもコンプレックスも共用もされる。その時点の情報の有り様すなわちその時点での重要性、明確さの必要性、グラデーション排除の必要性等によっておこす。自は全ての主体であり物事の有り様に無関係に思考為るし為ればよいが、自も当然経過によって揺らぎ流動もする。その変化の時点で重視する事柄が生じるならば注視が起こる。思考は変遷するのでその時点で完全足りえない。部分的に認め部分的に認めない。認めない部分については変遷することは当然で、部分的に認めた部分であっても変遷は当然ある。認めた部分とはその時点で気付きが無いのみであり自に照らして無矛盾とは限らない。何れにせよ気付きがある時点で自内で事柄の説明をする。ただし認めない部分は正誤の誤と限定されず、善悪の悪と限定されず、その他の判断の良し悪し等の一方向の支持と限定される事柄ではない。「気づき」は単に違和である。違和に対して注視が当初始まり確認や判断や明確さの追求やグラデーションの排除や特定や制限等が行われ、この際に言語による確定が使われることが無論ある。常用ではなく必要に応じて言語使用が要請される。

気づきは状況によるが、その時点の自の方向性が以前の自の方向性に疑念を持つことで起きる。その時点の自の方向性より良好とする方向性が見つかったことで起きる。気づきは要請されれば起き、あえて要請せねば起きない。

［自の説明］

自の説明とは、自の在り様の説明である。多岐に及ぶので次の一例をあげる。

自は事物を思考すると同様、自そのものを思考する。自が主で仮他は従であるので自内に仮他が包摂されている。今現在の時点で「自は在る」現状況は明確である。今現在の時点より過去は回顧に属する。「今現在の時点より過去」は「今現在の時点」と根本的に違う。過去無論、時間感覚における各種障害の紹介でもなく、また理科の拒絶等とも関係ない。過去は今現在の時点では無いと述べるに過ぎない。自の思考とは今現在の時点の事柄を述べているだけで、思考は既に過ぎたノスタルジーではないと述べるのみである。同様に思考はまだ起こっていない空想でもない。とは言え次の事柄に解決が付かない為に拘泥している。今現在の時点２０２３年３月２０日１３時４７分にこれを記述している。よって「私」は此処にこの時点に居る。実感である。この１分前２０２３年３月２０日１３時４６分に「私」

は此処にその時点に居た。記憶である。１年前も何処かにその時点に居た。記憶である。１０年前も同様である。記憶である。ところが１９６６年の１１月ごろより前に何処かにその時点に居たという記憶が途絶えている。ぷつっと糸が切れたように途絶えている。もう一度念のために述べておくが時間感覚における各種障害を患っているのではない。自は在ると述べ続けているが１９６５年夏以前の記憶が途絶えている。私は１９６４年２月生まれであるから年齢１歳数か月の時期である。「これより前に私は存在しないのだ」等と病的に訴えているのではないから詮索は不要である。事実として記憶が無いから「なぜだろう？」と不思議に回想しているだけである。

「いつから『私』は居るのだろうか？」・・・

これなどは自に対する説明過程の典型例である。この様な質問を自に持つとき思考は非言語に適さない。これは非言語の「イツカラ『ワタシ』ハイルノダロウカ？」ではなく言語の「いつから『私』は居るのだろうか？」で問い思考しなければ説明し難く「わからない」等の回答すらも出ない。自が自に対し問う物事は単純でなく複雑である。自の説明はこの様な事物の在り様の問いに対し、時に非言語に適合し難く言語化されやすい。無論、自に対する問いであっても凡庸な事は非言語で流す。

［言語を使用しない時期］

思考は多様である。自は思考である。理科という文化的にはニンゲンB（一般的に人間B）というものはゼンクB（一般的に全躯B）とシコウB（一般的に思考B）でできているとする。本論は当然否定するものではなく不明と為すのみである。本論では基に自と仮他の分類を持つので構造は自が仮他を包摂する。よって当初自が在る。当初は時流のみではなく根本である。時流に拘束されれば年少時には「言語をまだ話せない時期」が目立つ。言語を使用しない時期は本論では「言語をまだ使えない時期」と「言語を使わない時期」に分ける。

「言語をまだ使えない時期」を更に分ける。ひとつは今現在の時点より年少の時期には語彙が少ない。すなわち「特定のある現象を表記するに値する語彙がまだ獲得されておらず其の言語が使えない時期」である。ひとつは特定の言語種（聞き言語、話し言語、文字言語等）の一部を獲得する以前の時期である。

記録を要しない時期には文字言語が無い。伝達を要しない時期には話し言語が無い。言語を習得していない時期には文字言語も無く、話し言語も無く、聞き言語もない。「言語を使わない時期」は時流に関係が無い。当初自が在る。したがって当初思考がある。「私」は言語を使っていない程度の過去の記憶がある。1歳程度のある日、錆びた鉄缶を舐めたときの鉄の味は言語でなく味という味覚で記憶している。近所の家に置いてあったカニの臭いは臭いという嗅覚で記憶している。夏の窓の外で鳴いていた蝉の声は音という聴覚で記憶している。掌で歩いているダンゴムシの足の動きは触りという触覚で記憶している。父と風呂に入っているとき溺れたときの苦しさは窒息という苦痛で記憶している。冬に母に負われねんねこを被せてもらったときの温かみは快という感覚で記憶している。

1歳の秋、干し柿用の若い柿を舐めたとき、母に「ソンナノナメタラニガイヨ」と聞き、その味と「にがい」という聞き言語を一致させた。それまでは「ニガイ」は有ったが「にがい」は無かった。

そのずいぶん後のある日、父に粉薬を飲まされたとき「にがい」と話し言語で訴えた。それまでは「にがい」は有ったが「にがい」を伝えることはなかった。

言語といえど聞き言語、話し言語、文字言語は各語彙毎に獲得する時期は違う。本論も幼児の頃に書いたのでは当然ない。今現在の時点で伝達を要請したので、今現在の時点で今現在の語彙内で文字言語を使用し記述している。事物を感じ取れても、他者に伝達するためには「事物の現象」と「要請される言語種内の語彙」の一致と獲得が為されるまでは為せない。「話なさい」「言いなさい」を迫っても機が熟していなければ成るわけがない。

「言語を使わない時期」は年少年長に無関係に常にできる。「セミが鳴いている」と書いた時点で私はセミを知ったのではない。２０２４年８月８日午前７時４６分現在、クマゼミとミンミンゼミとアブラゼミが３０m離れた小山の雑木林で鳴いているが、私が起床した５時５分にも鳴いていた。言語化を行った７時４６分以降にセミを思考したのでは全くない。５時５分の時点でもこの事柄を思考していた。ここ最近セミの騒々しさで覚醒している。５時５分の時点で「ウルサイ」「クマゼミカ」「アブラゼミモカ」「セミノスガタ」「セミノカオ」「カメムシノカオ」「アックルシイ」は混沌と頭を巡っていた。当たり前だが布団を抜け出す前のぼんやりした頭で「五月蝿い」「熊蝉か」「油蝉もか」「蝉の姿」「蝉の顔」「亀虫の顔」「暑苦しい」といちいち言語化などしていない。論者は5時5分の時点で言語を使わず間の抜けた頭で思考していた。論者は2024年8月8日午前5時5分時点で言語を使っていなかったが幼児ではない。60歳の初老である。言語を使わない時期は幼児と限るわけがない。こうして此れを記述しているとき、通勤者の自家用車が家の前を途切れず騒々しく走っているが、この様子をいちいち「なんと五月蝿いことであろうか」「道側の窓と南側の戸も閉めた方が良いであろうか」「軽自動車よりもダンプカーはうるさいな」「サッカー少年が元気な声を張り上げてがんばっているな」「それにしても蝉は五月蝿いな」と言語化などしていれば、此の記述に集中できず書くことすらできない。これ等の事柄は思考内で非言語で処理しつつ、この文の記述のみを言語化している現状がまさに今現在の時点に在る。これが幼児期以外の「言語を使わない時期」の些細な一例である。

「言語を使用する時期」と「言語を使用しない時期」は、「言語を使用する時期」を船舶、「言語を使用しない時期」を大海と例えやすい。船舶の内部があることの様に、その船底より下には大海が広がっているがごとく、言語の語彙範疇のより下には非言語範疇による思考が広がっている。また船舶が居無い大海が在ることと同様、言語を使用しない時期であっても非言語の思考は常時展開されている。無論、大海を包摂する地球の範疇もしくはさらに外部に相当する事柄（範疇ではない）は本論の対象とならない。

［非言語の思考］

非言語の思考に要請は不要である。自は在るからである。無論自の能動性による事物であろうと仮他による受動的な事物であろうと無関係である。全活動中に包含される事物は思考そのものである。仮他の存否は不明に由来する。

言語活動と非言語活動の連関を、意識と無意識の連関と混同しない。無意識はおそらく非言語であろうが、意識があっても非言語活動することも当然ある。

自の当初すなわち幼少期には後天形質である言語はない。言語は情報共有の有力なツールであるため先天形質としてあれば至極有益であるが先天形質にならなかった故に自に大いに奏功している。論者の場合、聞き言語記憶の最古の事柄は母からの弟の出現予告である。理由は不明だが1歳夏以前の言語非言語問わず記憶はブツリと途切れ無い。恰もそれ以前に私が存在しなかった様に全ての記憶が無い。心地が悪い。古いほどに徐々に記憶がグラデーションとして薄らいでいくのではなく何故か突然に無い。とにかくこの最古の記憶以降の辺りの記憶の大半は言語としていま現在の私に残っているのではなく映像であったり音であったり触覚であったり臭気であったり雰囲気であったり等の非言語記憶である。家の中の映像、台所にあったブリキ缶の内側の錆、ある家の玄関の臭気、自宅周辺の地域的な雰囲気、これらは非常に明確な記憶であるが言語ではない。これら一次的記憶をどの様に捉えて感じていたかの二次的記憶すらも非言語である。この非言語の記憶の情報量は未だ非常に多い。非言語では伝達できないので敢えて言語を用いると、ブリキ缶の内側については「何らかの菓子が湿気て黴て饐えた臭い」「ブリキ缶の底の端が錆びていた位置情報や錆の範囲の形」「黒と茶が分布した錆びの色」「やすりの様なザラザラ感」「錆びて鉄がささくれて指に刺さったときの痛覚」他にも多々ある。この文章表現は「今の私」の知識による創作活動による表現ではなく、古い記憶を伝えるべき重点を伝達するために、記憶を段階的に表現し、既知の語彙を用いてそれを出来る限り詳細に表現した字面でありそれ以外の何物でもない。近所の臭気の記憶も文字にすれば「近・所・の・臭・気」7文字に過ぎないが蟹を茹でたときの様な臭い、下水管の臭い、草を刈った後の様な青い臭い等の混合した臭いといくらでも詳細を字面化できる程の大量の情報量を持つ記憶である。

この様に記憶は言語化すると情報の詳細部分の大半が欠落した状況となる。思考も同様である。非言語で多様で滑らかなグラデーション的な事物の捉え方を包摂した状況把握が自在に可能とする為に当時は言語が無い方が良好だった。もし言語が先天的に在ったのであれば思考はあの様に自在で多様で滑らかなグラデーションだったかと危惧すらする。自が生じた時期においてはほとんどの事物が初見であるのでそれが何物であるか知らず、自にどの様に働くか知らず、自に関係するものか否かも知らない。非言語な時期であるため好適であった。自と仮他の観点を基盤として非言語の自における有効性を挙げる。

［語彙量からの解放］

思考は自のみの活動であるから完全に自の儘である。思考は当初より在り、仮他は次に出現する。この前後関係は一般的に述べられる「時間の流れの一部に個人が出現し、個人が消失するが、途切れず時間は無関係に流れる」という永続的又は個人と無関係な時間の流動性を否定する類ではない。自と仮他の観点における出現の順でありそれ以上の何ものでも全く無く、何ものを否定するものでも全く無く、何ものに準ずるものでも全く無い。始原において思考が在るのみで仮他の存否に全く拘泥しない。よって自が用いるメディアの出現の順も、自の出現時は非言語のみであり、次いで仮他の出現があり、仮他との意志疎通が必要と要請すれば言語の出現となる。記憶にかかわる動因、聞き言語と話し言語の順等は先述もあり略す。

今現在の時点においてこの文は日本語で表現している。「私」の中に「他人」に伝えたい事柄が生じたためにこの文を書いているが、順は「何となく書きたい事柄が頭に浮かんだ」その後に「何となく書きたい事柄のうち重要な部分だけを選んだ」その後に「重要な部分だけを既に持っている語彙に置き換えた」その後に「重要な部分だけを書き言葉に置き換えた」の手順をとっている。動因となった事柄は膨大である。「これも伝達したい、あれも伝達したい・・・」様々な事柄を候補として持っていたが余りにも大量であるため、または記したいが文脈より大して重要と思われないと気付いた部分を積極的に削除したために大半の「頭に浮かんだ事柄」は淘汰された。ここに文字化しているものは当初の「何となく書きたい事柄」の内の極極一部である。

思考を文章化するにあたりもう一つの観点がある。思考に含まれていながら言語化できなかった事柄の採録を断念することである。思考と言語は必ずしも一致しない。言語は狭小で概念が狭く更に広い概念の思考に包摂されるからである。語彙は既知既存であり、思考は独自の進展と新規をも益々採用するため語彙は常に思考量に追いつかない。既知既存の語彙で表現できることは言語化できるが既知既存の語彙が無い場合は言語化のしようがなく採録もしようがない。ところが思考は自由であるためこの拘束から離脱する必要がありよって言語は思考の大海に浮かぶ船舶にしかなり得ない。逆ではない。思考が言語に先行して在ることを自認すれば把握に容易である。

［速度からの解放］

自と仮他の観点に於いて思考は自内も自外も既知既存も現行も新規も全て展開する。念のため反復するが自と仮他の観点のみにおき、拡大解釈や曲解は範疇にすらない。作為する思考の他に、思考に流入する事物の認識や判断や処理、仮他への働きかけ等を刻々と思考は為している。思考がある限り常に為している。重要であるこれらは甚大に思考され、重要でないこれらは軽微に思考されると分けたとて何れも思考の対象でありその処理量はおびただしい。例えば「ひと目、窓の外を見る」短時間の行為によって生じる思考には「木の葉が揺れている」「蝶を今年初めて見た」「車が走ってきた」「Tシャツを着ている人がいる」「眩しい日差し」「薄黄緑色の葉」「高い雲」「空気の霞み」等の事物の展開が刹那毎に思考対象候補として流入し続けている。これを一瞬に見、判断し、その他思考をし、続く一瞬に同様に見、判断し、その他思考したりしている。この様な限りなく及ぼす事物を有限の時間内で処理をしている。

各短時間毎にその時間に得られた膨大な情報があり、続く短時間毎にも欠かさずその時間に得られた膨大な情報があり、これが自の在る時間分続く。膨大な情報を各短時間に処理することは困難であるが能う限り為すことを目指す。得る情報は視覚・聴覚・触覚・味覚・嗅覚等が主にある。山を見たのであればそれは映像であり言語ではない。風の唸りを聞いたのであればそれは音であり言語ではない。熱い砂を触れたのであればそれは熱であり言語ではない。砂糖を口に含んだのであればそれは甘さであって言語ではない。花の匂いをかいだのであればそれは香気であって言語ではない。この様に言語情報以外の情報は非言語で得ている。自は五感を接続している以上これを把握する能力が無論ある。となればこれらを元来の儘に映像・音・触り・味・香りとして思考に附せばよい。これ等を詳細に解説したり伝達したり言語化の要請があるときのみ時間をかけ言語に翻訳し精密化したり伝達を試みればよいだけである。ここまで書いて、たったの今花粉症のために鼻をすすり上げたが、「私は花粉症である」とも「スギ花粉が部屋の中にまで飛んでいたのか」とも「鼻も目も痒いな」とも「よし今鼻をすすろう」とも考えずに鼻をすすり、続く短時間で電灯のスイッチを入れ部屋を明るくする活動をした。無論非言語である。

［グラデーションからの解放］

自が行う思考は自の領域であって仮他の領域ではない。すなわち自は仮他に依存する要請をしなくともよく、仮他に依拠する要請をしなくともよい。何物の制限を受けることをしなくともよい。したがって自は何物の制限を受けることなく自ら解放する。事物の範囲であろうとも、小さい値のA点と大きい値のB点の間の線分だけではなく、A点よりも小さい延々と続く範囲もあれば、B点よりも大きい延々と続く範囲もある。またA点とB点の間は整数の様に比して大の飛び飛びの値ではなく、考えれば考えられるだけの比して小の細分点を設定できる。自はデジタル的な点の集まりと見做しても一向に構わず、連続と見做しても一向に構わない。

ところが言語は連続の表現に向いているとは言い難い。「赤色、黄色、緑色、青色、紫色」と表せば、それは「赤色、黄色、緑色、青色、紫色」であって「橙色、黄緑色、青緑色、青紫色」を意味できない。無論「赤橙色、黄黄緑色、青緑緑色、青青紫色」を意味できない。文字は評した時点でその状況のみを正確に保持し、それ以外の領域を曖昧に保持できない。赤い花の色彩は色相のグラデーションだけではなく、濃淡のグラデーションがあり、彩度のグラデーションがあり、明度のグラデーションがあり、これ等の組合せにより連続的に彩られている。思考は花における色彩に、この無限の変遷を当然が如く感じ認識する能力を持っている。階調数の低いデジタル写真のように花の色彩を捉えるのではなく、滑らかな変遷を感覚し思考しようとすれば為す。ここに言語を持ち込み、思考を言語表現すれば「赤く咲いている花」は、花びら一枚における先端の濃い赤から花芯近くの白までのグラデーションや、花びら一枚一枚ごとの色彩の差異や、日当たりの良い所の健康的な艶のある花の赤と日当たりの悪い所の艶が衰えた花の赤の差異などのグラデーションや差異を失い単に「アカイハナ」に平均化され集約されてしまう。ここには既に連続的なグラデーションは無く、花びら一枚一枚の個性は無く、花一輪毎の変遷は欠落している。

無論これは色彩に限らない。言語化という手続きをとるならば常に、音にすれ、声にすれ、香りにすれ、味にすれ、熱さにすれ、冷たさにすれ、その他にすれ同様に情報の大半が欠落され代表化され集約されてしまう。さらに、人の表情なる事柄や、雰囲気なる事柄など具象表現に適さない事柄については更にその影響は大きく、ともすれば言語表現ができない事柄も当然ある。

あらゆる情動は、自のその時点での在り様、情動の原因の在り様等の自の様相や環境の様相によって多様に変化する。自の様相にしても、環境の様相にしても常に変容しているのであるから、情動はどの時点をとっても過去の情動と一致せず、ひとつの共通語彙に集約できるものではありえない。元来、情動は時点において個別である故に言語表現するならば瞬刻毎の無数の語彙が要されるので正確な言語対応はしかねる。言語化するならば、情報の欠落を甘受し、グラデーションを一定の範囲で平均化し集約することは致し方ない。

［個人差からの解放］

「りんご」と言えばA氏は木に実る赤くて甘酸っぱい「あのリンゴ」を想起し、B氏も木に実る赤くて甘酸っぱい「あのリンゴ」を想起するだろう。恐らくB氏は「りんご」と聞き「だいこんと呼ばれるあれ」を想起しない。「とら」と言った場合も同様にA氏の想起とB氏の想起は一致するだろう。恐らくB氏は「とら」と聞き「ねこと呼ばれるあれ」を想起しない。

同様に「あおいろ」と言った場合、A氏の想起する「あおいろ」とB氏の想起する「あおいろ」について述べる。この状況は「りんご」や「らいおん」の事例とは幾分異なる。「りんご」は特定の「リンゴ総体」を意味しており、それはグラデーションを含まない。リンゴとパイナップルの間にはグラデーションは無いからである。無論進化論の話題ではない。一応断る。無論、他のモノとの間のグラデーションも無い。しかし「あおいろ」はグラデーションを包摂した語句である。A氏がその時点で想起したグラデーションの中の一つが、B氏のその時点で早期したグラデーションの中の一つと一致するのか。

「いや、確率的に一致する事はあり得る」と確率論で反論もあるが、その話題でもない。私はどの他人とも意識が接続されておらず当然感覚の接続もしていない。故に「A氏とB氏の想起が違う」と述べているのではない。「A氏とB氏の想起が一致しているか一致していないかを比較することができない」と述べている。一致していてもそれを検証する手立てが元より無い。一致しないのでなく一致または不一致の判断がそもそもできない。

言語化は仮他を想定している。伝達機能においては他人という仮他を想定しており、記録機能においては未来の誰かという仮他を想定している。よって言語化は仮他を想定する限り個人差の拘束を越えて思考することができない。

非言語は自内の思考であり仮他の想定を要しない。故に平均化され集約された事物であろうがグラデーションであろうが自在であり、差のある個人自身を想定する必要が無いので思考の個人差という概念から解放される。

本項では状態CをA氏とB氏が見たときの「A氏内のCの捉え様」と「B氏内のCの捉え様」について「A氏は『B氏内のCの捉え様』を理解できない」と「B氏は『A氏内のCの捉え様』を理解できない」と単純に述べている。「A氏が捉えているC現物」と「B氏が捉えているC現物」が異なると述べている事柄とは全く違う。

［風習や文化からの解放］

非言語に対して言語は仮他を設定していることは前もって述べた。一般的に言うところの社会に於いて生活を成すとする以上、「私」の周囲には「他人」や「取り巻く環境」が在るとしている。「私」の周囲の「これ等全て」は在るが、全てが同程度に「私」に関与するのではなく個別である。遠地のそれは希薄でありやすく、無関係のそれも希薄でありやすい。逆にいえば近地のそれは濃厚でありやすく、関係の深いそれも濃厚でありやすい。「私」が居るとする集団の構成者の意味は、「私」から構成者への関連だけではなく、構成者から「私」への関連も総じて量る。「シャカイ」という設定においては「私」も「私という特異」では無く「ヒトA、B、C、D・・・の中の一つ」である。「私」が自を用いようが「A、B、C、D・・・」のどれかを用いようが、一介に過ぎなく所属を「される」。よって多かれ少なかれ近隣に人が居れば相互に凡庸に影響を受けざるを得ない。この影響の総体が風習や文化である。

元来は、自は在り仮他の存否は不明であることに立脚すれば風習や文化の影響を主体的に調節するが、無判断に仮他の存否を「在る」と思い込む状況下では、社会構成者が多数で自分は一人とし多数決の潮流に無批判に身を任せがちとなる。これは正誤判断や量的判断だけにとどまらず「私の生活の様式」や「私の思考のトレンド」にまで口を挟む。さらに厄介なことに自に正当な思考を仮他が歪曲することに無抵抗な様相を呈することさえある。こうなれば主も客も混淆となり判断の根拠すら曖昧模糊となり混乱を極める。当然ながらこれを持って仮他を排除しようと希求や誘導するものではない。希求や誘導等に関わらずこれを望む時点で仮他の存否を存と限定するので既に矛盾である。非言語は仮他の設定、非設定と関りが無いので風習や文化の束縛と次元が異なる。

風習や文化やその他に類する事柄は成文も不文もある。また律と成っている場合もあればそうでない場合もある。ただし何れの場合であっても言語化されているか言語化に準ずる域に達した思考の形態である。何故ならば構成者に知らしめることが目的だからである。好悪限らず風習や文化は構成者の総意または多数決原理によって支持され維持されているので自と仮他が齟齬すれば多数である仮他が自を拘束しかねない。特に洗練されているが私利欲と対立するならば風習や文化は自を拘束するばかりとなりかねない。無論風習や文化が正論で自が邪論であれば正論である風習や文化が邪論を駆逐することは厭わないが、風習や文化と自論の正当性が拮抗していたり元より比する事柄でない場合は思考が無意味に中断されるばかりの事もある。異常または盲信であれば思考が中断されても良いしそうなるべきであるが、平常は拮抗する事や困惑するまで比する要請は無いので言語化せずに非言語で儘にあってもよい。風習や文化は当該地域の自然的な状況と住人の相関関係によって形成された事柄であるから人的要素だけが独立して成立した事柄でなく、人と自然を総じて形成された価値を成したり生み出す起因となる総体である。一朝一夕に成った事柄でなく長期に渡り熟成され、その期間中に多数決的に悪であるとか不正当であるとか非生産性が淘汰され合理的に洗練されやすいため、当該地域に既存の構成者には対立しにくい傾向を呈する。しかし嘗て当該地域以外に居た転居者や異文化に属した者にとって合理の根幹となる後天的な風習や文化が当該地域と異なるのであるから違和は当然生じる。

ましてや風習は狭範囲で流布した比較的小集団内の共通と決められた事柄に過ぎないため、文化の様に洗練されているとは言い難い場合も含む。風習となる事柄を当初に持ち出した一人が小集団内でそれ相応の力を持っておれば構成者へ強制は容易で根拠が無くともまたその一人の私利のみを目的としていても通用する事例である。尤もその一人が大衆から滅すれば付随してそれも速やかに滅するが、人物が滅した後にも強制のみが執拗く残滓と化す事例も見受けられる。文化の域まで統合されない一般の風習は当該集団内でも異論があり、況や構成者一人の思惑と齟齬して自然である。

思考に言語を適応する場合、言語は既に文化であり風習をも含んだ意味形態であり思考基準としての機能が内在している。例えばある特定の名称が言語化されなかったり唱えてはならないと風習や文化の制約が為されていたり、ある特定の表現単語が特定の文化圏で掃滅されたりする。よって特定地域の言語はその特定地域に流布されている常識や風習等の習わしに準じて存在し、文化の価値観を包摂している。よって自在な表現が制限されたり不能化されているため、自由な自の表現である思考の全域を記すことは益々できない。

［文法からの解放］

「私」は「自」すなわち「私の思考」と「仮他」すなわち「私の思考以外の部分」からなる。私が確認できる唯一の事物は私が思考しているという事柄だけであり、感覚は思考しておらず当然感覚器をはじめとする私の身体は思考していないので分離した。その程度の事柄である。誰にでもわかる。分類を目指したりする事柄ではない。事物を複雑怪奇にする意図もなく、雲に巻き優越する意図もない。至って単純である。さてくどかったが「私」

は自に包摂されると言いたかった。「私」は思考に属することは誰も理解できる。自は何らの事物に囚われず自由に思考できる。何を考えることも独立自由であり、どの様に考えることも独立自由であり、名称の有る事物も名称の無い事物を考えることも独立自由であり、範囲の有る事物も範囲の無い事物を考えることも独立自由であり、飛び値も滑らかな値を考えることも独立自由であり、その他の肯定と否定とその間のグラデーションたる事物を考えることも独立自由であり、既知の事物も未知の事物を考えることも独立自由である。概念自身が自に包摂されるので当然意味も自内で通用するだけであってかまわない。

言語は他者への伝達のために要請されたことは既に述べた。言葉の無い頃の私も思考していたことを追想すれば疑問の余地もない。思考は言語を使用しても構わず言語を使用せずとも構わない。言語は伝達の生業を成すため他者の認知の範囲に思考を見なしたり、平均化したり、凝縮したり、選抜したり、時に改変したりし共通認識できる語彙に変形することが要請される。さらに文化と成った文法の範囲で語彙の中のいくつかを配置し共通認識できる意味を繕い伝える。たとえ語彙を膨大に準備して挑んでも、文法がそれを表現する分だけ揃っていなければそれは意味単語の羅列にしか成り得ず有意な伝達は思いの儘にならない。例えば日本の文化に存在する日本語を形成する語彙は、日本の中にあってさらに既知の事物を表現させるために既存であるが如くである。新規の事物が生じる度に必要となれば新規の語彙が作られ、既存の語彙で併用できたり既存の語彙の組合せで足りる場合は流用される。文法も然り、新規の事物の表現が生じる度に必要となれば新規の文法が作られ、既存の文法の流用や若干の変質によって表現可能であればそうされる。日本語の属する日本語文化圏内の自然に生じる事物や環境中に暮らす有様を伝達に耐えうる質的量的語彙と文法はおおよそ準備されているために、日常の情報のやり取りに不足は然程感じない。しかし互いに異文化圏間の交流であれば語彙も質的量的に違い、またひとつの単語の持つ意味の種類は当然相違し、逆に一つの意味の担当する複数の単語種も当然相違し、思わぬ単語の意味を誤伝達することはある。また異文化圏内の事物を表現する語彙や文法が自文化圏にあるとは限らない。異なった語彙や用法の場合は大きく曲解したり全く理解できなかったりし、意見の相違や理解できないことや思わぬ齟齬を不知の間に生じることすらもある。文法は文化によって洗練され発達されている。生業が伝達だからである。よって言語は風習や文化に依存し文化が及ぼす制限下に使用される。文化は生活の価値基準の性能を持つために正誤や有無や善悪の判断すら異文化間では相違しても至極当然であり致し方ない。私は1人称も2人称も3人称も設定して言語を用いるが、ワタシが同じ人称分類する文法を運用しているかは不明である。ワタシが1人称を含まない文法を運用するならば自己欠如が見え、2人称を含まない文法を運用するならば対話不成立が垣間見え、3人称を含まない文法を運用するならば1人称認知ならば対人を拒否し2人称認知ならば共依存をにおわす。自は仮他の存否にかかわらず在るので思考は言語のみで運用する要請を元来せずともよく、ときに伝達の要請があれば文化の制限下で言語化され、時に何らの要請も無いときは自由に非言語で成し不要な拘束から自らを解放する。語彙の欠如は慮りやすいが、文法の欠如は表現型そのものが欠如するので慮りにくいことがある。

［調節できない能力（潜在性）］

仮他はさておき、自はとにかく在る。「私」の思考を自としているので思考はとにかく在る。私が居る状態であれば当然ながら何時でも自が在る。眠りから覚めて、朧気ながら「朝かぁ・・」と思った時点で既に自が在るとわかる。積極的に食べている時点も、積極的に歩いている時点も、積極的に働いている時点も私が居るから自が在る。消極的にボーっと休憩している時点も、消極的に窓の外をボーっと見ている時点も、消極的にテレビをボーっと見ている時点も、風呂に入ってボーっとしている時点も私が居るから等値に自が在る。寝ている時点は知らない、故にわからない、故に不明である。寝ている時点の事柄の曲解無き様述べる。寝ている時点に自が消えているとは一言も述べていない。寝ている時点のことは知らない、わからない、不明であると歴と述べているのみである。寝ている時点で自が消えていると論ずるならば、無き状況を時点で判断している自が既にある。これは「寝」ではない「起」である。至って単純明快である。

「私」における三つの個別の期間についての自の基本的な状況を述べた。一つは積極的に活動している期間である。一つは消極的に活動している期間である。一つは無意識の期間である。消極的に活動している期間には積極的に事物を考察しているのではなく、ただ単にボーっとしている状態で特定の何かを考えているという範疇でもない。流れる風景内状況に身を委ねている状況下である。無意識のみの期間は、「寝ている」「気絶している」

の様に思考の無い状況下全てである。わからない事物はわからないのであるから恣意的に何らかの押付けをしたりはしないし、似た状況の事柄に異なる状況の事柄を集約したりはしないし、似た状況の事柄から恣意的に異なる事柄と無思慮に判断して削除したり分別しない。わからない事物はわからないのであり、それ以外ではない。

自が積極的に思考している期間においても、自が消極的に思考している期間においても共通するのは「私」の状況にかかわらず「自」はあり続けている点である。いわゆる「私」という一人の人間は自のみであっても仮他との共存下であっても自の連続性を保ってい る。「私」という在り様と「自」という在り様は混淆されやすい。「私（自分）」という既存の単語と別に「自」という表記を用いる所以がここにある。

自は「私」の行動を自在に制御できる。歩こうと思えば歩く、見ようと思えば見る、避けようと思えば避ける。これに対して「私」は「自」の営みを制御できるか否か。歩くようと自が思えば、私は歩くよう営む。見るようと自が思えば、私は見るよう営む。避けるようと自が思えば、私は避けるよう営む。しかし、私が歩くよう営めば、自が歩くよう思考するかと言えばそうではない。私が見るよう営めば、自が見るよう思考するかと言えばそうではない。私が避けるよう営めば、自が避けるよう思考するかと言えばそうではない。
自は私を制御する権限を持つが、私は自を制御する権限を持たない。私は自を肯定することはできるが自を否定する権限はない。自の存否を存と認めることはできるが否する権限はない。私は思考を一時的に取りやめることはできない。自が在る限り私の状況や認またはの希望に拘泥せずに独立して思考は為される。私が自を調節できない事実は前記例をミズカラに思考すればすぐにわかる。自は私の感ぜられるところに顕在する状況すなわち積極的に思考している状況もあれば、私の感ぜられぬところに潜在する状況すなわち消極的に思考している状況も刻々と移ろいしかも同時にもありうる。

［自の確認の根拠における課題］

一点、本論は精密化を目指す確認の事柄である。一点、本論は今現在の時点の確認の事柄である。一点、本論は自の確認の事柄である。従前述べるままである。上記三点より明確な事物があればそれのみを認める。

精密化を目指す確認の観点より次の立場を確認した。追及してなお不明な事物があればそれは不明である。不明な事物を恣意的に「無」とすまい。不明な事物を恣意的に「有」とすまい。不明な事物を恣意的に別物に包含すまい。ましてや不明な事物を恣意的に「別物を支持する根拠」になどすまい。他論や疑義を含まない。

今現在の時点の確認の観点より次の立場を確認した。「自は在る」すなわち自は思考しており今現在の時点に明確に在る。現在と過去は次の観点により異なる。時流を「過去の一つの時点」と「『過去の一つの時点』から今現在の時点に至るまでの時流」と「今現在の時点」に分ける。「『過去の一つの時点』は有限時間の一時点でも構わず、無限時間でも一向にかまわない。ワタシのジのままであり他者の時間規定や時間概念にそもそも囚われない。「今現在の時点の自」は「過去の一つの時点の自」が「『過去の一つの時点』から今現在の時点に至るまでの時流」の期間に変遷している。よって「今現在の時点の自」と「過去の一つの時点の自」は異なる。よって「過去の一つの時点の自」はたとえ私の事柄であっても自ではなく明確に仮他である。これより過去は仮他であり不明である。

現在と未来は前述観点により同様に異なる。これにより未来は仮他であり不明である。

本論は自の確認の観点より次に立脚する。
・本論は自の在り様についてのみ論じている。
・世間の習慣について論じたものではない。
・世間の常識について論じたものではない。
・世間の風習について論じたものではない。
・世間の文化について論じたものではない。
・世間の科学について論じたものではない。
したがって習慣や常識や風習や文化や科学の各それぞれについての疑義ではない。それは本論で扱う類ですらない。

無視ではない。それは本論で扱う類ですらない。

否定ではない。それは本論で扱う類ですらない。

漢字表記「自」「私」等は論者が用いる際の第一人称、カタカナ表記「ジ」「ワタシ」等は論者以外が用いるとした際の第一人称である。

自のことである、ジのことは不明であり一切を述べていない。

自の立場のことである、ジの立場のことは不明であり一切を述べていない。自の立場のことである、仮他の立場のことは不明であり一切を述べていない。私を包摂する自の事である、ワタシを包摂するジのことは不明であり一切を述べていない。

言わずもがな本論は自が当初であった事柄と続く仮他である事柄について論じてある。自体の疑義でも追及でも明確にない。仮他の存否が不明な点から派生する疑義が当為を促す。尤もこれは大した事柄ではない。本論は仮定から始まらず結論から始まった。

本論の課題のひとつは他者との共有が不明な観点である。「自が在る、仮他の存否は不明である」を始点としているので致し方ない。尤も本論に限らず「(他)人が何を考えているか思考を共有する事はできない」事はどの様な論でも同じで大して珍奇な事柄でもない。

本論の課題のひとつは、この時点において言語を使用している観点である。本論のほぼ全ては自内の思考である故、非言語でまとまっている。これに言語を仲介させて本論にしてある。よって非言語の自由さが本論には全くもって欠ける。思考の一部が言語とし表現された部分のみの記述であり、詳細な事柄の大半は非言語から言語化する最中に標本化され消失し、グラデーションが消失し、そもそも思考していた事柄に対応する語彙が言語中に無い場合に至っては、別の単語で意味を代用しているために意味意図がひどく変質している。また非言語の速度に比べ言語化の速度がついていけず多くは論者自身が忘却した。ただ主要な部分は言語化したつもりである。

本論の課題のひとつは、仮他の設定を存としたうえで「私」が意図するAという文言（文）の意味と、「アナタ」が捕捉するAという文言（文）の意味が一致しているのかそうでないかの検証が不可能という観点である。「私」が生育してきた常識や風習や文化やそれに類するものから来るそもそもの思考の傾向等と「アナタ」が生育してきた常識や風習や文化やそれに類するものから来るそもそもの思考の傾向等が違うので捕捉した意味には差異が生じるがこれは検証できない。類似して「私」が意図するAという事物が誘因する感覚と、「アナタ」が捕捉するAという事物が誘因する感覚が一致しているのかそうでないかの検証が不可能という観点である。

「私」が生育してきた常識や風習や文化やそれに類するものから来るそもそもの思考の傾向等と「アナタ」が生育してきた常識や風習や文化やそれから来るそもそもの思考の傾向等が違うので捕捉した感覚には差異が生じるがこれは検証できない。

同様に、

私の感受の様相は、私独自の感覚に依存し、私にしか把握されない。
アナタの感受の様相は、アナタ独自の感覚に依存し、アナタにしか把握されない。
したがって私の感受の受容の様相は、アナタには一切不明である。
無論アナタの感受の受容の様相は、私には一切不明である。

こちらについてもどの様な論でも同じであり大して珍奇な事柄ではない。これらを当為とし本論を今現在の時点の区切りとした。

あとがき

智源寺のお地蔵様の前でびっくりしてから結構時間がたった。弟もよい大人になった。働き者の父方の祖父は去った。いつも薪の煙の香りがした父方の祖母も去った。いつも「考えな、考えなよ」と言った母方の祖父は去った。いつも甘い大豆を煮てくれた母方の祖母も去った。母も去った。あのとき予想はついていたが、やはり私は居る。

在るものは不明なものに優先する。よって富は変遷すると予想し、価値は不変と確信していたが、息子が生まれた瞬間に相対的価値はくつがえった。

この価値の解釈は今後にする。


本書を製作するにあたりブイツーソリューションのスタッフ御一同様には本当にお世話になりました。ありがとうございます。的確なご指導をいただかなければ本書はまとまりませんでした。あらためて感謝申し上げます。

自《じ》と仮他《かりた》

2025年1月23日　初版第1刷発行

著　者　荒井　辰也（あらい・たつや）
発行所　ブイツーソリューション
〒466-0848 名古屋市昭和区長戸町4-40
電話 052-799-7391　Fax 052-799-7984
発売元　星雲社（共同出版社・流通責任出版社）
〒112-0005 東京都文京区水道1-3-30
電話 03-3868-3275　Fax 03-3868-6588
印刷所　モリモト印刷
ISBN 978-4-434-35286-7